Jürgen Göndör

Offener Unterricht:

… hier lerne ich was ich will!

edition winterwork

Bibliografische Informationen der Deutschen Nationalbibliothek:
Die Deutsche Nationalbibliothek verzeichnet diese Publikation in der Deutschen Nationalbibliographie. Detaillierte bibliographische Daten im Internet über http://www.d-nb.de abrufbar.

Nachdruck oder Vervielfältigung nur mit Genehmigung des Verlages gestattet. Verwendung oder Verbreitung durch unautorisierte Dritte in allen gedruckten, audiovisuellen und akustischen Medien ist untersagt. Die Textrechte verbleiben beim Autor, dessen Einverständnis zur Veröffentlichung hier vorliegt. Für Satz- und Druckfehler keine Haftung.

Impressum

██████ Göndör »Offener Unterricht: ... hier lerne ich was ich will!«
██████████ erwork.de
██████████ nterwork
Alle Rechte vorbehalten.
Satz: edition winterwork
Umschlag: edition winterwork
Druck und Bindung: winterwork Borsdorf

ISBN 978-3-86468-520-0

Offener Unterricht:

… hier lerne ich was ich will!

Von der Freiheit, das eigene Lernen im Unterricht selbst zu bestimmen.

Widmung

Dieses Buch ist unseren Kindern - **Sebastian, Christina** und **Lisa-Marie** - und natürlich unserem Enkel - **Max Valentin** - gewidmet.

Danksagungen

Vor allen Anderen Dank an Elisabeth, die mit sehr viel Geduld meinen Schreibprozess unterstützt hat, die immer wieder Gesprächspartnerin in allen Phasen der Entstehung dieses Buches war und die bei der Erziehung unserer drei Kinder mit mir zusammen Grundsteine für dieses Buch gelegt hat.

Dank auch an *Axel Backhaus,* der mich davon abgehalten hat, eine erste Version zu veröffentlichen und auch die vorliegende mit geprägt hat, an *Dirk Eiermann,* der seine Beobachtungen an der Bildungsschule Harzfeld zur Verfügung gestellt hat, an *Florian Felten,* ohne den die Homepage des Offenen Unterrichts vielleicht nicht entstanden wäre, an *Sabine Hönnerscheid* und *Manfred Heinen,* die mein Selbstvertrauen bestärkten, das Buch auch tatsächlich zu veröffentlichen, an *Walter Hövel,* an dessen Schule der Offene Unterricht und seine Wirkung mit Händen zu greifen ist und der sagte, dass er jeden Tag mit dem Lernen ‚seiner' Kinder auch heute immer noch total spannend findet, an *Josef Kasper,* der mir oft ein Vorbild darin war, meinen eigenen Weg zu gehen und von dem ich freinetisch viel gelernt habe und an *Falko Peschel,* der mit diesem Offenen Unterricht das verwirklicht hat, was ich selbst nicht habe umsetzen können.

Dank auch an viele, die hier nicht aufgeführt sind, die durch ihr gutes und manchmal auch schlechtes Vorbild die Motivation entstehen haben lassen, dieses Buch zu schreiben.

Jürgen Göndör

Offener Unterricht:

… hier lerne ich was ich will!

Von der Freiheit das eigene Lernen im Unterricht selbst zu bestimmen.

Der *Offene Unterricht* erprobt einen anderen Weg, indem er konsequent auf die Kompetenzentwicklung der Kinder setzt. „Selbst-, Sach- und Sozialkompetenz entwickeln sich am Besten in einem Unterricht, in welchem sie unverblümt vom Kind gefordert werden. Ein Unterricht, der konsequent den eigenen Lernweg des Kindes zulässt, ihm innerhalb der offenen Lehrpläne größtmögliche Freiheit bzgl. der Inhalte einräumt und letztendlich auch Freiraum gibt, die gemeinschaftlichen Belange auch gemeinschaftlich zu lösen - und zwar ohne dabei den Einzelnen in seinen Rechten unnötig zu beschneiden."

(Falko Peschel)

Inhalt

Widmung 5

Danksagungen 7

Offener Unterricht: 9

Zu diesem Buch 15

Gerald Hüther: Schulen der Zukunft 21

Lernen 25
   Vor der Schule 25
   In der Schule 26
   Chancenungleichheit durch lehrerzentriertes Lernen . . 27
   Mit Blick auf Kinder/Schüler gesehen 31

Mathetik 39
   Konsequenzen für das Lernen 44
   Folgerungen für die LehrerIn. 49
   Folgerungen für die Lernumgebung 53
   Folgerungen für die Eltern. 61
   Folgerungen für die Kinder 64

Offener Unterricht -
die grenzenlose Freiheit? 69
   Mitbestimmung. 71
   Beispiel 1: Wie lange darf man an den PC 74
   Beispiel 2: Lautstärke im Klassenraum 75

**Offener Unterricht –
ein Paradigmenwechsel?!** **83**
   Offener Unterricht im Lichte von Eiko Jürgens 83
   Offener Unterricht - ein radikales Konzept? 89
   Ein doppelter Paradigmenwechsel. 92
   Und die Kinder - was haben die davon? 98

Lernen II **107**
   Der Lehr-Lern-Kurzschluss 107
   Gehirnforschung 110
   Gehirnforschung und Offener Unterricht 111

**Offener Unterricht und Lernerfolg
der SchülerInnen** **119**
   Der Stoff hat dem Schüler zu dienen! 129
   Lerngeschichten - Meike 130
   Lerngeschichten - Michael 134
   Lerngeschichten - Natalie 138

Rogers und der Offene Unterricht **151**
   Die ‚hilfreiche Beziehung' 152
   Carl Rogers über Lehren und Lernen 155

Leistungsmessung **163**
   Traditionell 163
   Alternativ im Offenen Unterricht 168
   Was heißt das mit Blick auf die Kinder? 174

Lernen III **179**
   Lernen an der Grundschule Harmonie in Eitorf 180
   Lernen im Offenen Unterricht 181

Eltern und Offener Unterricht **195**

Literaturverzeichnis: **203**

Anhang **209**
  Schulen 210
  Hochschulen 213
  50+ Videoclips zum Offenen Unterricht 214
  Ausführliches Literaturverzeichnis
  von Veröffentlichungen von Falko Peschel 217
  Kein 'Offener Unterricht'
  steht zumindest nicht drauf: ist aber drin.. 218
  Weitere Projekte 219

Zu diesem Buch

Es ist ein Patchwork-Buch: Einzelbeiträge zu einem gemeinsamen Kern, dem Offenen Unterricht, wie ihn Falko Peschel vorstellt. Einzelbeiträge, die jeweils Gedanken zum Offenen Unterricht verfolgen bzw. verschiedene Aspekte genauer betrachten. Eben Patchwork. Die Verschiedenartigkeit der Beiträge weist auch darauf hin, wie differenziert der Offene Unterricht gesehen und bearbeitet werden kann.

Natürlich wird immer wieder auf Falko Peschel und seine Dissertation Bezug genommen, was möglicherweise als systematischer Mangel gesehen werden kann. Anderseits gibt es bisher keine Längsschnittstudie, die das Lernen und Arbeiten und damit den Lernerfolg von Kindern unter vergleichbaren Bedingungen so detailliert untersucht und die Befunde von Falko Peschel kontrastieren könnte.

Viele Bücher, die in den letzten Jahren erschienen sind, führen den Begriff „Offener Unterricht" zwar im Titel, beschreiben aber Unterricht, der mit den Bedingungsrastern von Falko Peschel gemessen, nur marginal geöffnet ist oder sogar nur Merkmale Offenen Unterrichts aufweist. Fälschlicherweise werden auf diese Weise gewonnene Forschungsergebnisse aber dem Offenen Unterricht zugeschrieben, der sich jedoch als durchgängiges Unterrichtsprinzip versteht, nicht als Ergänzung zum „Lehrerzentrierten Unterricht" oder als weitere Methode im Repertoire von LehrerInnen. Anders gesagt: ‚*Wo Offener Unterricht draufsteht, muss noch lange kein Offener Unterricht drin sein.*'

Schließlich verwendet dieses Buch auch bewusst längere Zitate verschiedener Autoren und bezieht sich auf Videoclips, die bei YouTube angesehen und -gehört werden können. Es soll auch nicht wissenschaftlich orientierten LeserInnen der Zugang zu den Gedanken anderer Autoren und vielleicht auch das Interesse, selbst zu recherchieren, ermöglicht werden.

Die Frage nach der ‚Effizienz des Lernens' lenkt systematisch davon ab, dass Kinder das mit Abstand wichtigste Lernziel: demokratisches Verhalten (Auf dass Auschwitz nicht noch einmal sei! Adorno) eben nicht tagtäglich aus eigener Anschauung selbst ausprobieren und selbst erfahren können.

Es ist schon verblüffend, wenn deutlich wird, dass dieses oberste Lernziel in der Diskussion um Unterricht nur eine sehr nachgeordnete Rolle spielt. Statt zu überlegen, wie ‚normaler' Unterricht auch fachlich demokratisiert bzw. systematisch durch Mitbestimmung der SchülerInnen verändert werden kann, bleibt die Diskussion um die Demokratisierung der Schule im Wesentlichen auf Schulparlament, auf Klassenrat und auf Probleme zwischen SchülerInnen beschränkt.

Für demokratisches und soziales Lernen ist wichtig, was Hans Brügelmann/Erika Brinkmann feststellen:

- „Kinder sollten im Unterricht generell so viel Entscheidungsraum haben wie irgend möglich.

- Kinder entwickeln komplexe Fähigkeiten nach und nach, in dem sie diese nach ihren Möglichkeiten und ihrem Entwicklungsniveau entsprechend ausüben, um etwas zu erreichen – sie lernen also an der Herausforderung durch interessante Situationen.

- Die Lese- und Schreibfähigkeit kann sich nur entwickeln, wenn Kinder von Anfang an und auch außerhalb der Schule viel lesen und schreiben. Dies setzt eine hohe Lese-/Schreibmotivation voraus, die am besten über eigene Ziele und über die freie Wahl der Inhalte gefördert wird.

- Auch „technische" Einsichten und Strategien lassen sich am besten an persönlich bedeutsamen Inhalten gewinnen."[1]

Diese Einsichten - für die Schreib- und Lesefähigkeiten gewonnen - lassen sich nicht nur auf alle anderen Bereiche, auch auf Naturwissenschaften und Mathematik ausdehnen sondern auch auf andere Schulstufen. Kinder bzw. SchülerInnen brauchen die Freiheit, kennengelerntes Wissen und Fähigkeiten nach ihrer eigenen Einschätzung, ihrem Entwicklungsniveau entsprechend, dann, wenn sie es und so, wie sie es für richtig halten ausprobieren und anwenden zu können. Sie brauchen die Freiheit dabei Fehler machen und diese selbst berichtigen zu können. In diesem Lichte gesehen, ist die permanent vergleichende - und dadurch die Konkurrenz untereinander begünstigende - Leistungsmessung in der Klasse oder Lerngruppe kontraproduktiv.

Es nützt wenig, eine Unterrichtsmethode nur wegen der (statistischen) Lernerfolge in den Unterricht einzuführen, wenn sich für die Kinder bzw. SchülerInnen nicht etwas für sie Entscheidendes ändert: Wenn sie nicht *jederzeit* über ihr Lernen und ihren Schulalltag *selbst entscheiden können*. Die LehrerIn ist in diesem Prozess gleichberechtigtes Mitglied der Lerngruppe - nicht mehr, aber auch nicht weniger.

Das ‚Geheimnis' ist nicht die gute Methode, nicht die engagierten LehrerInnen, nicht die angeblich ansteckende Begeisterung, nicht die hohe Fachkompetenz, mit der ein Fach unterrichtet wird - sondern die Freiheit der Kinder und Jugendlichen täglich über ihr Lernen und ihr Leben wirksam selbst zu entscheiden und ein Rahmen, der das ermöglicht.

Nur dann kommt die ‚hohe Motivation', von der Hans Brügelmann/Erika Brinkmann sprechen, zum Tragen. Nur dann werden Schreiben, Lesen, Rechnen und andere Fähig- und

---

[1] Brügelmann, Hans; Brinkmann, Erika (2008): S. 2;

Fertigkeiten zu Themen, die Kinder bzw. SchülerInnen auch außerhalb von Schule verfolgen wollen - nicht, weil diese Themen Pflicht sind, nicht, weil diese Themen ‚aberledigt' werden müssen, sondern weil sie im Fokus des individuellen Interesses des Kindes selbst stehen.

Bevor Sie anfangen dieses Buch lesen, können sie hier Ihre Gedanken zu diesem Buch aufschreiben, die Sie jetzt bewegen:

≠ Besser eine Ergänzung zu L.z.U.
als gar keine offenen Methoden
(s. Einl.)

Schreibmotivation
eigene Ziele / Julolte

Wenn sie möchten, können Sie mir diese Gedanken auch per Mail zuschicken: juergen@goendoer.net

Lernen

Vor der Schule

Kinder lernen schon im Mutterleib. Und wenn sie dann geboren sind, legen sie mit dem Lernen erst richtig los. Es gibt ja kaum etwas, was sie schon können. Sie müssen also fast alles so richtig von Grund auf lernen. Sie lernen ohne Systematik, ohne Arbeitsblätter, ohne Hausaufgaben, ohne vorgegebenes Zeitraster, ohne Stoffplan, ohne Tests und ohne Klassenarbeiten. Sie lernen ganz nach ihrem eigenen Empfinden - Hauptsache es ist neu und anders. Es gibt im Grunde nur wenig wirkliche Lernhindernisse: ein eintöniges Lernangebot und Gleichgültigkeit gegenüber den Lernfortschritten der Kinder, wenn diese einfach nur sich selbst überlassen sind oder irgendwo (z.b. vor dem TV-Gerät oder auch in einem Kreativkurs) ‚geparkt' werden. Gerald Hüther spricht von den beiden Grundbedürfnissen: von dem nach Verbundenheit und dem nach Freiheit, sich entwickeln zu können.[2]

Fehler dagegen spielen kaum eine Rolle, sie werden einfach verbessert - so lange, bis das Kind sich richtig verstanden fühlt, bzw. bis das Gelernte mit dem, was andere wissen nicht mehr im Widerspruch steht.[3] Wenn etwas noch nicht beherrscht wird, wird es mit fast unglaublicher Hartnäckigkeit so lange wiederholt, bis es klappt.[4] Das wird allerdings nicht als ‚richtiges' Lernen (im schulischen Sinn) bezeichnet.

---

2 Vgl Hüther, Gerald (2011): S. 46
3 Vgl. von Glasersfeld, Ernst (1997), S. 230ff
4 Vgl. Kahl, Reinhard (2011), S. 5

In der Schule

Jahre später, wenn das Kind schon unglaublich viel gelernt hat: z.B. gehen, sprechen - manchmal sogar schon zwei oder gar mehrere Sprachen, vielleicht sogar schon etwas schreiben oder/und rechnen kann, kommt eine Institution daher, die Schule, und erklärt: Ab jetzt werde ‚richtig' gelernt. Als Lernen gelte nur noch das, was systematisch nach Plan in einem vorgegebenen Zeitraster und vor allem hier in der und durch die Schule erarbeitet wird. [5]

Das bisherige Lernen sei schließlich unsystematisch erfolgt, habe zwar zum Teil auch gute Erfolge erzielt, aber ab sofort sei Schluss damit. Rechnen, Schreiben und Lesen und andere Kulturtechniken ließen sich nur systematisch Schritt für Schritt erlernen. Da man ja nun nicht jedes Kind einzeln belehren könne, müssten viele von ihnen gleichzeitig mit den Lerninhalten bekannt gemacht werden. Daher müsse man nun - jetzt vor allem systematisch - mit den Buchstaben und Zahlen noch einmal von vorne beginnen. Gleichheit meint, alle werden mit den gleichen Lehrinhalten konfrontiert und alle bekommen die gleichen Erklärungen. Demzufolge haben auch alle die gleiche Chance, diese Inhalte zu lernen. Im Klassenverband einer Schule lasse sich so dann auch feststellen, welche Kinder die gelehrten Inhalte gut oder weniger gut gelernt hätten.

Die Zahlen für die sinnvolle Größe eines Klassenverbandes sind umstritten. Mit diesem Streit wird vernebelt, ob dieses Lernen im Gleichschritt für die Kinder denn auch gut und richtig ist. Es wird nicht mehr darüber nachgedacht, ob denn der ständige Vergleich und damit die Konkurrenz im Klassenverband: ‚Wer hat was wie schnell gelernt?' der Förderung der Kinder überhaupt dient. Ob denn Schule auf diese Weise ihrem Auftrag, die Potentiale, die Kinder mitbringen, optimal zur Entfaltung zu

---
5   Vgl. Feuser, Georg (2007), S, 155

bringen, ob sie so mit dieser Methode dem Anspruch Chancengleichheit herzustellen und Chancen*un*gleichheit zu verringern, überhaupt gerecht wird.

Ganz selbstverständlich wird hingenommen, dass Kinder, die bisher ganz individuell und auch erfolgreich gelernt haben, mit dem Eintritt in die Schule nun im Gleichschritt nach Plan lernen und ständig miteinander verglichen und dementsprechend bewertet werden. Plötzlich gelten da Kinder als noch ganz verträumt, weil sie sich kaum für das interessieren, was die LehrerIn vorträgt. Es gibt Kinder, die ‚bildungsfernen Schichten' oder dem ‚Prekariat' zugeordnet werden, welche mit ‚Migrationshintergrund' und noch andere - sozial Schwache -, denen das Lernen offensichtlich schwer fällt und die in diesem Ranking, das Schule veranstaltet, zurückbleiben. Georg Feuser sagt es noch schärfer:

„Es ist eine Ungeheuerlichkeit, wenn heute im PISA-Folgechargon von ‚bildungsfernen Schichten' gesprochen wird. Gerade die OECD-Studien belegen eindeutig, dass Menschen, bzw. soziale Gruppen, die bestimmte Merkmale auf sich vereinigen, von (vor allem höherer) Bildung systematisch fern gehalten werden und nicht diese Menschen der Bildung fern sind."[6]

Chancenungleichheit durch lehrerzentriertes Lernen

Georg Feuser macht bewusst, Kindern fällt nicht so sehr *das Lernen selbst schwer,* sondern *das Lernen in dieser Form*, unter diesen Bedingungen, in dieser Art und Weise. Kinder bleiben nur deshalb in diesem Ranking zurück, weil sie genau mit dieser Art von Lernorganisation scheitern. Sie lernen gar nicht schlecht,

---
6   Aregger (2008), hier: Feuser, Georg (2007), S. 157

aber so, unter diesen Bedingungen lernen sie im Vergleich mit anderen schlechter, langsamer, umständlicher.

Kaum jemand käme heute noch auf die Idee, z.B. das Laufen-Lernen von Kindern auf einen eng bestimmten Zeitraum zu fixieren und denen, die in diesem Zeitraum nicht laufen lernen zu bescheinigen, sie seien motorisch ungeeignet. Ganz selbstverständlich wird davon ausgegangen, dass Kinder in aller Regel früher oder später laufen lernen. Auch die Sauberkeitserziehung war lange Zeit von rigiden Zeitkorridoren geprägt. Längst ist man in der Erziehung davon abgerückt, dass bis zu einem bestimmten Alter solche Lernleistungen erbracht sein müssen. Eltern dagegen sehen sich oft unter Druck gesetzt, sich und ihre Kinder damit zu quälen, solche Lernaufgaben ‚termingerecht' abzuschließen.

Es soll hier darauf aufmerksam gemacht werden, dass auch Schule genau diese Bedingungen nach wie vor herstellt. Ganz unterschiedliche Kinder in ganz unterschiedlichen Lebenssituationen werden zeitgleich vor Aufgaben gestellt und anschließend danach sortiert, wie sie denn diese Aufgaben im Vergleich mit anderen Kindern lösen können.

Hartmut von Hentig berichtet, dass

> „Schüler, die völlig erfolglos im Lesen und Schreiben von der Regelschule nach Glocksee [*Glocksee-Schule in Hannover, eine alternativpädagogische Schule für Schüler der Klassen 1 bis 10 in der Tradition der deutschen Reformpädagogik, Einfügung JG*] wechselten, erlernten [*diese Techniken, Einfügung HvH*] ohne übermäßige, aber mit individueller Hilfe der Lehrer innerhalb kurzer Zeit - nach ... ein- bis zweijährigem zwangfreien Eingebundensein in diesem Interaktionsfeld."[7]

Damit wird deutlich, dass SchülerInnen für ihr individuelles Lernen ganz andere Bedingungen benötigen, als Schule ihnen zugesteht. Allein die zeitlichen Vorgaben einer Schule zur

---
7   Von Hentig, Hartmut (^{1}1985), S. 83

Bewältigung von Aufgaben können im Zusammenhang mit dem Vergleich, den Schule permanent durchführt, bis hin zu völligem Versagen führen.

Schule misst aber so die Leistung der Kinder die sie jetzt und hier in der vorgegebenen Zeit erbringen und schreibt das Ergebnis als Leistungsnoten fest.

Ob nun die Kinder ganz bei der Sache sind und die ‚richtige' Lösung finden oder ob - aus welchem Grund auch immer - die Lösung nicht gefunden wird oder falsch ist, dieses einseitige, schulische Verständnis von ‚Leistung' *ist* der alles entscheidende Maßstab schlechthin.

Pisa hat im internationalen Vergleich gezeigt, dass Deutschland zu den vier ‚Weltmeistern bei der Benachteiligung von Kindern aus sozial schwachen Schichten"[8] gehört. Folgt man Rainer Geißler, ist genau diese Annahme: „wer tüchtig und leistungsfähig ist, setzt sich durch"[9] schon seit den sechziger Jahren widerlegt. Er kommt daher zu dem Ergebnis:

> „Das [deutsche, Einfügung JG] Bildungssystem ist nicht in der Lage, das Leistungspotential der Kinder aus den unteren Schichten wirklich auszuschöpfen. Die Bildungsverläufe werden von einem *leistungsunabhängigen sozialen Filter* beeinflusst, der insbesondere bei den Übergängen in weiterführende Bildungseinrichtungen - am Ende der Grundschulzeit und nach Abschluss des Gymnasiums - in anschaulichen Zahlen dokumentiert ist. Dieser Filter hat zwei Wurzeln: Der eine reicht in die Familie hinein und die andere in die Schule. *Sowohl die Bildungsentscheidungen in den Familien als auch die Lehrerurteile in der Schule sind bei gleicher Leistung der Kinder von deren Schichtzugehörigkeit abhängig* [Hervorhebungen von RG]"[10]

Rainer Geißler stellt fest, dass sich dieser ‚soziale Filter' seit den

---

8 Geißler, Rainer (²2005), S. 71 - 100, hier S. 76
9 Ebenda, S. 76
10 Ebenda, S. 77

sechziger Jahren (Georg Picht: Bildungskatastrophe) von den Schulen nicht etwa *ent*schärft, sondern *ver*schärft worden ist.[11] Der immer wieder behauptete Zusammenhang, dass eine Verbesserung der Chancengleichheit - wird gelesen als Verbesserung der Chancen der schwachen SchülerInnen - mit einem Absinken der schulischen Leistung- wird gelesen als Absinken der Chancen der starken SchülerInnen - erkauft würde, ist grundfalsch. Es ist genau andersherum: „…ein *Mehr an Chancengleichheit …[hätte, Einfügung JG] einen Anstieg des Leisungsniveaus zur Folge.*"[12]

> „Die Schule wird nicht nur dem Anspruch einer *kompensatorischen* Förderung benachteiligter SchülerInnen nicht gerecht, sie löst noch nicht einmal das *meritokratische* Versprechen der leistungsgerechten Bewertung ein."[13]

Auf der Suche nach den Ursachen dieses erschreckenden Befundes, referieren Daniel Dravenau/Olaf Groh-Samberg ‚primäre' - es wird das tatsächliche Leistungsgefälle zwischen den sozialen Schichten beschrieben - und ‚sekundäre Effekte' - es wird aufgezeigt dass soziale Ungleichheiten trotz gleicher Leistung bestehen bleiben. Primäre Effekte könnten von Schulen bei ungleichen Startchancen bearbeitet und verringert werden. Sekundäre Effekte benachteiligen - diskriminieren - Gruppen jedoch zusätzlich, die sowieso schon schlechtere Startchancen haben. Die Chancen von Kindern, die ohnehin auf Grund ihrer sozialen Herkunft bestehen, werden also systematisch noch verschlechtert. Diese Verschärfung von Chanc*enun*gleichheit in beiden Fällen muss von Schule selbst verantwortet werden.[14]

Es stellt sich natürlich die Frage, warum Schule bei dem erklärten Ziel, Chancengleichheit herzustellen, so gründlich versagt. Ansätze, die die Schichtzugehörigkeit und kulturelle

---

11 Vgl. ebenda, S. 74f und S. 78
12 Ebenda, S. 78
13 Dravenau, Daniel; Groth-Samberg, Olaf (2008[2]), S. 105
14 Vgl. ebenda, S. 104f

Einstellungen der betroffenen Schüler verantwortlich machen, unterstellen der Schule eine *aktive* Rolle bei der Diskriminierung von bereits benachteiligten Kindern bzw. Jugendlichen.[15]

Andere Erklärungsansätze gehen von einer *rationalen Schulwahlentscheidung* aus. Bildungsentscheidungen werden von Einzelnen nach individuellen Kriterien entschieden. Zentrales Kriterium ist dabei der ‚soziale Abstieg', der unbedingt vermieden werden soll. Niedrige soziale Schichten brechen ihre Bildungslaufbahn jedoch eher ab, weil der Statuserhalt von der aktuell erreichten Stufe aus als bereits gesichert erscheint. Höhere Bildungsabschlüsse dagegen sind mit Kosten verbunden, bei denen es aus individueller Sicht (der niedrigen sozialen Schicht) fraglich erscheint, ob sie sich lohnen.[16]

Beide Erklärungsmodelle weisen den Akteuren zwar gegensätzliche Rollen zu. Der Streit um das ‚richtige' Modell vernebelt aber, dass beide Modelle den gleichen Effekt haben. Die Opferrolle der *sozialen Diskriminierung* grenzt eine Mitverantwortung der SchülerInnen für den eigenen Lernerfolg aus. Die *rationale Schulwahlentscheidung* macht sie scheinbar zu Herren einer Entscheidungsfindung, in der *sie selbst* Entscheidungen treffen, die ihr komplettes weitere Leben beeinflussen, ohne dass reale Alternativen vorhanden sind. Der Weg vom Förderschüler zum Hochschullehrer ist zwar prinzipiell möglich aber nicht sehr wahrscheinlich.

Mit Blick auf Kinder/Schüler gesehen ...

In der Praxis machen Schüler Erfahrungen mit Schule und deren Kontext. Sie erleben Entscheidungen, die von Schule getroffen

---
15 Vgl. ebenda, S. 107
16 Vgl. ebenda, S. 106ff

werden, die Reaktionen ihrer Mitschüler, Lehrer, Eltern und anderer Menschen - außerhalb von Schule - ganz subjektiv. Sie entwickeln daraus Strategien, die ihnen ein ‚Durchkommen' in dieser Institution und ihrem Kontext ermöglichen. Sie handeln als Akteure ihres Schulalltages in ihrem Schulalltag. Und als diese handelnden Individuen machen sie auch positive oder auch negative Erfahrung mit Bildung.

Kinder und Jugendliche bekommen immer wieder von der Schule zurückgemeldet, z.B. durch die Noten: Wie bin ich im Vergleich mit anderen in meiner Klasse. Sie erfahren, dass ihr individueller Lernfortschritt und ihre Leistungsfähigkeit nur eine untergeordnete Rolle spielt, weil es immer nur auf die aktuelle Leistung im Vergleich mit anderen ankommt: Wenn man aufgerufen wird, wenn man an die Tafel muss, wenn ein Test oder eine Klassenarbeit geschrieben wird. Der jeweils individuelle Bezug eines Schülers zum Lerngegenstand, seine momentane psychische und physische Situation, das alles spielt keine Rolle, wenn in der Schule Leistung ermittelt wird. Es wird also *nicht* die tatsächliche individuelle Leistungsfähigkeit gemessen und zur Grundlage von Bewertung gemacht, sondern das was unter bestimmten Bedingungen sichtbar gemacht werden kann und das auch noch im Vergleicht mit anderen Kindern in der Klasse.

Wie soll ein Kind aus ‚bildungsfernen Schichten' agieren, wenn es um die Hälfte mehr Leistung erbringen muss als andere?[17] Was soll es tun wenn auch die Eltern ihm nicht den Rücken stärken: 75 % der Oberschichtkinder werden trotz mittelmäßiger Leistungen auf das Gymnasium geschickt, dagegen nur 11 % der Kinder von un- und angelernten Arbeitern.[18] Da nützt individueller Fleiß fast gar nichts. Diese über Generationen hinweg sich wiederholende negative Erfahrung hinterlässt in den individuellen Bildungsbiographien tiefe Spuren. Woher soll eine Schüle-

---
17 Vgl. Geißler, Rainer (2005), S. 78
18 Vgl. Ebenda, S. 77f

rIn die Kraft und Zuversicht nehmen, sich gegen solche Einflüsse durchzusetzen?

Der Spruch: ‚Die Vier ist die Eins des kleinen Mannes!' kennzeichnet den Galgenhumor, den Kinder aufbringen müssen, um in so einer für sie bildungsfeindlichen, ja lebensfeindlichen Umgebung zu überleben. In einer nur auf Leistungvergleich abgestimmten Umgebung wie Schule nehmen Kinder bzw. Schüler diese Leistungsbewertung als eine permanente persönliche Entwertung wahr: ‚Ich gehöre wieder nicht zu den guten oder sogar sehr guten SchülerInnen'. Selbst wenn sie ein ‚mittleres' Leistungsspektrum vorweisen können (wenige Zweier, vorwiegend Dreier und Vierer oder schlechter), führt das eher nicht zu einem positiven Selbstbild.

SchülerInnen sind über die Schulpflicht gezwungen, Schule zu besuchen. Sie können sich dieser Lernerfahrung so gut wie nicht entziehen. Sie machen die Erfahrung, dass es zwar möglich ist, gegen Fehlverhalten von LehrerInnen vorzugehen, aber sehr schwierig ist, sich erfolgreich gegen die auf diese Weise erhobenen und so festgeschriebenen Leistungsdaten zur Wehr zu setzen. Es geht ja immer um die gerade vorliegende Leistung im Vergleich zu anderen SchülerInnen. Statistisch belegbare Benachteiligungen und Diskriminierungen können dagegen nicht aufgewogen werden. Es bleibt für sie immer nur der Rückschluss: Ich habe zu wenig gelernt, nicht genügend aufgepasst, zu viele Hausaufgaben nur abgeschrieben. Ich bin halt zu faul oder zu doof.

Die zehn Jahre - oder auch mehr - in dieser Situation sind schlimm, immer die gleiche ausweglose Situation! Selbst Eltern sind meist nicht imstande gegen den übermächtigen Leistungsmythos zu argumentieren.

Kinder erleben den Übergang von der Grundschule zu den weiterführenden Schulen in einer ganz besonderen Situation. Einerseits sollen sie möglichst schon ab der dritten und erst recht in der vierten Klasse besonders eifrig lernen, ganz besonders gute Leistungen erbringen, um für sich einen Platz am Gymnasium zu ergattern. Auf der anderen Seite ist es für sie oft gar nicht verständlich, was sich damit verbindet. Für sie steht im Vordergrund, z.B. nicht von ihren Freunden getrennt zu werden. Dass sich mit der Schulwahl in der Regel auch ganz verschiedene Lebenswege öffnen oder schließen ist ihnen in der ganzen Tragweite ihrer Entscheidung weniger wichtig.

Was soll ein Kind auch tun, wenn eine Hamburger Untersuchung an 13.000 Grundschülern klar zeigt, dass Lehrerurteile sich „auch - unabhängig von der Leistung - an der Schichtzugehörigkeit der Kinder orientieren."[19] Wie soll sich ein Kind verhalten, wenn Wissenschaft erklärt, die Leistungsauslese werde bei Kindern aus den unteren Schichten deutlich schärfer gehandhabt, als bei Kindern aus der Mittel- oder Oberschicht. Wie soll es darauf reagieren, wenn PISA in aller Deutlichkeit zeigt, dass die Chancen von Kindern aus der Schicht der führenden Angestellten, höheren Beamten, freien akademischen Berufen und Selbständigen (= Obere Dienstklasse) um nahezu das Vierfache höher sind als die von Facharbeiterkindern.[20]

Für ein Kind sind diese Vorgänge undurchschaubar, trotzdem interpretiert es, wenn es keinen der begehrten Plätze am Gymnasium bekommen hat, die Bedeutung der Ablehnung für sich: ‚Ich habe es nicht geschafft' oder auch ‚Ich habe meine Eltern enttäuscht.'

Man darf bei diesem Sachverhalt auch nicht aus dem Auge verlieren, dass er ein typisch deutsches Phänomen darstellt.

> „Obwohl in Deutschland besonders große Kompetenzunterschiede zwischen den Jugendlichen von Oben und Unten gemessen werden, sind die Leistungen des deutschen oberen Viertels im internationalen

---
19 Geißler, Rainer (2005), S. 77f. Hier wird aus der Studie von Lehmann, Rainer; Peek, Rainer (1997): Aspekte der Lernausgangslage von SchülerInnen und Schülern der fünften Klassen an Hamburger Schulen. Hamburg, Amt für Schule, zitiert.
20 Vgl. ebenda, S. 78

Vergleich nur durchschnittlich - sie liegen bei den drei gemessenen Grundqualifikationen jeweils auf Rang 17. Andere Länder sind erheblich leistungsstärker, und einigen gelingt es dabei, die Kompetenzdisparitäten nach sozialer Herkunft deutlich kleiner zu halten."[21]

Sie sind z.B. in Finnland nur halb so groß wie in Deutschland.[22]
Wer als Kind das Pech hatte, hier in Deutschland zur Schule zu müssen, muss auch mit der Erfahrung leben, permanent nicht gut genug zu sein, statt gestärkt durch positive Lernerfahrungen in die Welt zu gehen. Hier setzt man auf rigide Selektion schon in der Grundschule. Das Perfide daran ist, dass diese Selektion vorgeblich nur unter Leistungsgesichtspunkten erfolgt, tatsächlich - wie vielfach belegt - aber auch deutlich nach sozialen Kriterien erfolgt.[23]

Für die Kinder, die diese statistischen Zusammenhänge noch nicht erkennen können, ist es schlicht ein persönliches Versagen, ein individuelles Desaster, das sich im weiteren Leben nur mit erheblichem Aufwand korrigieren lässt. Sie können gar nicht anders, als den mangelnden Schulerfolg, der nachweislich durch die Strukturen der deutschen Bildungsinstitutionen - „Deutschland gehört zu den vier ‚Weltmeistern' bei der Benachteiligung der Kinder aus sozialschwachen Schichten"[24] - verursacht ist, sich selbst und ihrer Unfähigkeit zuzuschreiben: ‚Ich muss eben aufpassen, ich darf mich nicht ablenken lassen, ich muss mich auf den Hosenboden setzen, ich muss meine Hausaufgaben regelmäßig machen, muss halt jeden Tag nur zwanzig Minuten englische Vokabeln lernen und ich darf nicht mit meinem Nachbarn schwätzen.' Und: ‚Ich gehöre nicht dazu!'

---

21 Ebenda, S. 78
22 Ebenda, S. 79
23 Was früher die katholische Arbeitertochter vom Lande war ist heute ein Junge aus bildungsfernen Schichten, d.h. mit Eltern, die selbst keine erfolgreiche Bildungskarriere hinter sich haben. Abgesehen von dieser geschlechtsspezifischen Verschiebung hat sich an dem Faktum der sozialen Benachteiligung durch Schule nichts geändert. Vgl. Rainer Geißler (2005), S. 73ff
24 Geisler, Rainer (2005), S. 76

Während das Kind seine Welt entdecken, verstehen und für sich selbst erklären will, wird es mit Lerninhalten konfrontiert, die nur eher zufällig zu diesen eigenen Absichten passen. Statt die Fragen der eigenen aktuellen Lebenswelt zu erforschen, müssen Antworten auf vorgefertigte Fragen zu den von der Schule vorgegebenen Lerninhalten gefunden werden. Das Kind muss an sie *herangeführt* werden, ein Interesse daran muss erst *geweckt* werden. Selbst wenn diese Vorhaben etwas oder auch etwas mehr erfolgreich waren und sich ein Kind dann doch für den Lerninhalt interessiert, bleibt die Frage, ob die Sicht der Schule, die den Lerninhalt strukturiert, dem entspricht, was das Kind wissen will.

Der Zusammenhang, in den ein Kind das stellen soll, was ihm zum Lernen vorgesetzt wird, ergibt sich nicht aus seiner Neugierde und seinem vorhandenen Weltverständnis, sondern aus der ‚faszinierenden' fachlichen Systematik der Lerngegenstände.

Bei Carl R. Rogers liest sich positive Lernerfahrung in seinem Buch: „Lernen in Freiheit"[25] so:

> Ich möchte zu ihnen über das Lernen sprechen. Aber *nicht* über den leblosen, sterilen, nutzlosen und schnell vergessenen Kram, der dem hilflosen, mit eisernen Ketten der Anpassung an seinen Sitz gefesselten Individuum eingetrichtert wird. Ich spreche von *Lernen* - der unersättlichen Neugier, die den Jugendlichen dazu treibt, alles zu verschlingen, was er über Benzinmotoren sehen oder hören oder lesen kann, um die Leistungsfähigkeit und die Geschwindigkeit seiner „Rennmaschine" zu verbessern. Ich spreche von dem Lernenden, der sagt: „Ich entdecke, indem ich außen Liegendes in mich einsauge und indem ich das, was ich eingesaugt habe, zu einem echten Bestandteil *meiner selbst* mache" Ich spreche von der Art des Lernens, bei der die Erfahrung des Lernenden der Richtschnur folgt: „Nein, nein, das ist nicht das, was ich will"; „Warte! Das ist näher an dem, was mich interessiert, was ich brauche"; „Au ja, das ist es! Jetzt begreife und verstehe ich, was ich *brauche* und das ich wissen will!" [Hervorhebungen Carl R. Rogers]

---
25 Rogers, Carl R. (1974), S. 7

Hier ist wieder Platz für Ihre Gedanken, Fragen, für eigene Erfahrungen zum Kapitel Lernen, Zustimmung, Ablehnung, ...

Offener Unterricht

Wenn Sie möchten, können Sie mir das, was sie aufgeschrieben haben, auch zumailen: juergen@goendoer.net

Mathetik

Mathetik ist ein Stiefkind der Pädagogik. Der Begriff bedeutet *Kunst, bzw. Theorie des Lernens* und geht auf Johann Amos Comenius zurück.[26] Mit Mathetik verbindet sich das griechische Verb ‚mathein' und meint: Lernen um der Bildung willen. „Mathetik bedeutet Klärung des im Unterricht stattfindenden Lerngeschehens - und zwar aus der Sicht des Schülers!"[27]

Bekannt geworden ist der Begriff wahrscheinlich durch Hartmut von Hentig. Er hat ihn in einem Gutachten für die Freie Schule Frankfurt dazu verwendet, die so ganz andere Einstellung zum Lernen und zu Lerninhalten im Konzept dieser Schule deutlich zu machen.[28] Diesem Konzept liegt eine radikale Individualisierung zugrunde, „der Verzicht auf eine systematische durchrationalisierte und kollektive Belehrung."[29] Hartmut von Hentig stellt fest: „Sie [die Freie Schule Frankfurt (FSF), Einfügung JG] hat keine Didaktik, sondern eine Mathetik."[30]

Die Auflistung der Pädagogik der FSF, die radikal vom „Lernbedürfnis ausgeht und die sozialen und physisch-sinnlichen Vorgänge den kognitiven gleichstellt"[31], macht den Unterschied zu der Organisation der Regelschule deutlich:

- Statt in Fächer ist die Lernorganisation in Lernbereiche gegliedert,

- die Kulturtechniken werden nicht einzeln für sich, sondern im Rahmen des Sachunterrichts gelernt,

---
26 Comenius, Johann Amos: Reinhard Golz u.a. (1996)
27 Ebenda.
28 Hentig, Hartmut von (¹1985), S. 80ff
29 Ebenda
30 Ebenda
31 Ebenda, S. 81

- es wird in Projekten gelernt und somit steht die Ganzheitlichkeit der Erfahrung der Kinder im Mittelpunkt des Geschehens.

- Es wird an der Erfahrungswelt, an der Lebenswelt der Kinder angeknüpft,

- es wird altersübergreifend gearbeitet.

- Die individuelle Entwicklungsfähigkeit eines Kindes erhält den Vorzug vor herkömmlichen entwicklungspsychologischen Schemata und Normen -

- der üblicherweise vorgegebene starre Zeitplan des Lernens und der Lerngleichschritt im Klassenverband wird abgelöst durch eine Offenheit dieses Zeitplans, der es so ermöglicht die Lebensprobleme der Kinder nicht nur überhaupt wahr-, sondern auch ernstzunehmen.

- Jedem Schüler wird zugestanden, individuell die Lernformen und Lerngelegenheiten frei zu wählen, die sie wählen wollen.

- Es wird auf Noten und damit auf den permanenten Vergleich der Schüler untereinander verzichtet.

- Schüler werden von den pädagogisch tätigen Menschen jederzeit in ihrem Nachdenken, Erforschen und Erfinden unterstützt, statt sie zu belehren.

- Der Lehrplan ist nicht die Leitlinie, an der Schüler die aufgereihten Lerngegenstände abarbeiten müssen, sondern eine Art Buchführung für die Lehrer, um für jedes Kind festzuhalten, was es schon kann.[32]

---
32 Vgl ebenda, S. 81 - 84

Hartmut von Hentig stellt fest:
> „Mathetik kann nicht einfach heißen ‚laissez-aller', sondern setzt die Ordnung des Erfahrungsraumes voraus."[33] Den ‚guten Didaktiker' und den ‚guten Mathetiker' unterscheidet vor allem die Absicht ihres Tuns: Der erstere will „das Kind auf einen bestimmten, für richtig gehaltenen Lernweg festlegen."[34] Letzterer ist frei von dieser Absicht und unterstützt das Kind auf seinem eigenen, ganz individuellen Lernweg."[35]

Reinhard Winkel dagegen sieht eine „Lehrer-Schüler-Einheit, so jedenfalls in der idealtypischen Form, wie sie Comenius als vorbildlich und notwendig erachtet."[36] Die Inhalte des Lehrens und die Arbeitsweisen des Lernens gehören zu der Sachlichkeit, die als Ziel des Unterrichts SchülerInnen ermöglichen soll, sich Urteile über die Welt zu bilden. Allerdings als „Forderung an die Schüler."[37] Damit ist der Satz: „Unterricht ist ein zwiespältiges, ganz und gar nicht spannungs- oder widerspruchsfreies Geschehen, das der Lehrer- und der Schülerperspektive bedarf"[38] zumindest mit Blick auf die Schülerperspektive relativiert. Aus der Ansicht von Johann Amos Comenius: „Niemand möge die Schuld seiner Unwissenheit auf einen anderen werfen außer auf sich selbst"[39], wird eine Schuldzuweisung. Es wird allein den SchülerInnen angelastet, wenn sie denn das geforderte Wissen nicht parat haben. Sie tragen selbst die Schuld.

Die oben diskutierten Zusammenhänge von Schulerfolg und Benachteiligung (Kap. 1) kommen gar nicht in den Blick und damit auch nicht die Bedingungen, die Schulerfolg nachhaltig verhindern. Johann Amos Comenius hat wahrscheinlich die reine Theorie im Sinn. Es wäre auch zu viel, würde man von

---

33 Ebenda, S. 85
34 Ebenda
35 Vgl. ebenda, S. 85f
36 Winkel, Reinhard (1996): S. 154
37 Ebenda
38 Ebenda
39 Ebenda, S. 155

ihm verlangen, schon im 17. Jahrhundert vorherzusehen, wie denn das Bildungswesen im 20./21 Jahrhundert strukturiert sein wird.

Wenn also didaktische Entscheidungen letztlich die Ursache von Benachteiligung heute sind, kann man die Diskussion darüber wie denn diese Benachteiligung von SchülerInnen vermieden, zumindest gemildert werden kann, auch aus der Sichtweise der Mathetik und der Sichtweise der SchülerInnen zu führen. Die Mathetik soll ja - darüber besteht wohl kein Zweifel - das Pendant zur Sicht der Lehrer auf den Unterricht sein: Der Blick aus Schülersicht. Genau genommen aus der Sicht des Lernens von SchülerInnen.

Dazu ein längeres Zitat aus der Mathetica:

„Mathetica heißt Lernkunst. [...]

Das Ziel der Kunst ist, alles, was gelernt wird, *zuverlässig, schnell, angenehm* gelernt zu haben. *Zuverlässig*, so daß die Wirkung (die Wissenschaft) sondern alles genau und sicher festgehalten wird. *Schnell*, so daß es nicht nötig ist, beim gründlichen Erlernen einer Sache lange zu verweilen, damit man so Zeit gewinnt, auch anderes zu erlernen. *Angenehm* endlich, daß man nichts mit Überdruß und Widerwillen oder ungern tut und das Lernen einem nicht lästig, sondern eine Lust ist. [...]

Beachte: Die drei Stufen zuverlässigen Wissens sind folgende: 1) Die empirische [sich auf Erfahrung gründende] 2) die epistemonische [der Wissenschaft eigene], 3) die heuretische [erfinderische].

„Wissen, wozu etwas verwendbar ist, ist die oberste Stufe oder die Krone des Wissens. Das ist der oberste Gipfel der Weisheit. (Sie verleiht nämlich das Mittel, etwas richtig zu gebrauchen, und es ist die Aufgabe des Weisen, das überall zu wissen, nirgends den Missbrauch zuzulassen."

Du also 1) Lerne, damit du wissest (lerne schnell, vielerlei recht, damit du schnell, vielerlei recht wissest). 2) Alles was du lernst, lerne ernstlich, damit du von dir sagen lassen kannst, du habest nicht sowohl gelernt, als gründlich und vollständig gelernt, d.h. du wissest. [...] 3) Damit du ernstlich lernest, lerne mit Lust. Was einer gern tut, tut er selten vergeblich. 4) Alles, was du nicht weißt, eile zu erfassen, sei es von dir selbst aus oder von anderen, vorzüglich aber wo möglich von den Dingen aus. [...]

In Bezug auf die Dinge, die sich sehen, hören, greifen lassen, glaube nur deinen Augen, Ohren und Händen; 2) in Bezug auf die Dinge, die du erzählen hörst, glaube nur die, deren Möglichkeitsverhältnis du selbst verstehst; 3) bei göttlichen Dingen glaube immer nur Gott. [...]

Also müssen die Dinge selbst, die sich sehen, fühlen, hören, riechen usw. lassen, den Sinnen vorgestellt werden, soweit es möglich ist, sei es durch sich oder durch stellvertretende Bilder. Denn unsere Augen können weder sich selbst leuchten noch Farben und gefärbte Gegenstände bieten: diese muß man auswärts suchen. [...] 2) Und zwar mit den eigenen (Sinnen). Wer den Honig selbst gekostet hat, kennt sicherer die Süßigkeit des Honigs als der, der einem anderen davon Sprechenden glaubt (...). 3) Und soweit es angeht, mit mehreren. Mehrere Sinne bewirken natürlich ein sichereres Wissen. [...] 4) Auf die gebührende Weise. Nämlich so, daß 1. die Dinge selbst nur als gegenwärtig angeschaut werden; 2. mit den eigenen Augen, nicht mit fremden; 3. mit reinen und bloßen Augen ohne Brillen; 4. bei vorhandenem Licht ohne Dunst und Nebel; 5. fest, ohne Schwanken, beschaut werden; 6. in gerader Lage, ohne Verkehrung; 7. mit Weile, ohne Übereilung; 8. zuerst im ganzen, dann in den einzelnen Teilen, endlich in den Teilchen."[40]

Wenn man den Primat der Didaktik (Wolfgang Klafki) gegen einen ‚Primat der Mathetik' eintauscht, hat das für das, was im

---
[40] Götz, R. (1996), S. 130ff

Unterricht geschieht, erhebliche Konsequenzen. Es geht plötzlich nicht mehr darum, *was* den Kindern *wie* beigebracht werden soll, sondern im Mittelpunkt steht, was jedes einzelne Kind lernen will, was ihm hilft, seine Welt besser zu verstehen. Es geht nicht mehr z.B. um Grundrechenarten, sondern darum, auf individuellen Wegen die Welt der Zahlen zu ergründen. Mathe ist nicht länger Paukfach, mit dem man sich herumquälen muss, sondern Feld der Entdeckung der Zahlenwelt, ein Forschungsraum für Kinder.

Wird der Primat von der Didaktik auf die Mathetik verschoben, ergibt sich notwendiger Weise eine ganz andere Organisation schulischer Prozesse. Schule selbst müsste dafür Sorge tragen, dass SchülerInnen mathetisch lernen können und sich nicht mit Bedingungen herumschlagen müssen, die ihnen die Lernarbeit erschwert oder unmöglich macht.

Schule muss sich fragen lassen, warum Schüler problemlos alle Fußballergebnisse wiedergeben und komplizierte Spielregeln richtig beurteilen und interpretieren können, gleichzeitig aber angeblich unfähig sind, vergleichbare schulische Inhalte zu behalten, zu verstehen und als Folge natürlich auch anzuwenden. Offensichtlich geschieht das Lernen der Fußballergebnisse und -regeln so, wie sich Johann Amos Comenius das vorgestellt hat: schnell, leicht und angenehm.

Konsequenzen für das Lernen

- Lernen ist laut Johann Amos Comenius eng mit originärer, sinnlicher Erfahrung verbunden. Die Kinder sollen selbst Erfahrungen machen, empirische Erfahrung. Nicht aus zweiter Hand. Und zwar nicht alleine, sondern sie sollen sich mit anderen über die gemeinsamen Erfahrungen austauschen, diese vergleichen. (Mehrere Sinne bewirken ein sichereres Wissen. Sie sollen selbst die Dinge erforschen. In einer Gemeinschaft erlerntes und erforschtes Wissen ist interdependentes Wissen).

- Lernen soll nicht auf Glauben und Hörensagen beruhen. Das was gelernt wird muss zu den bisherigen eigenen Lernerfahrungen passen. Es muss ihre Welt besser erklären. Der Lernende soll sich auf die eigenen Augen, Ohren und Hände verlassen.

- Lernen geht vom wirklichen Leben aus und beginnt dann zu differenzieren.

- Lernen braucht Zeit, keine Hast. Äußerer Lerndruck sowie ein vorgegebenes Lerntempo wirken kontraproduktiv.

- Lernen soll lustvoll sein, man soll angenehm lernen. Damit ist einmal die Einstellung der Kinder zum Lerngegenstand gemeint. Es sollen dann auch ihre eigenen Fragen sein, die sie klären. Es ist gleichzeitig auch auf die Wirkung der Lernumgebung auf die Lernenden bezogen.

- Lernen hat das Ziel, Wissen richtig anzuwenden und falsche Anwendung aufzudecken. Wissen ist also kein Wert an sich, sondern soll die Welt erschließen. Was gelernt wird muss also in der Lebenswelt des Lernenden sinnvoll anwendbar sein, diese erklären.

So gesehen wird sofort klar, dass zu der heutigen Auffassung von Lehr-Lern-Prozessen und daraus folgend zur traditionellen Lernorganisation im Unterricht ein deutlicher Unterschied besteht:

Lernen gründet sich zunächst auf die eigenen Erfahrungen. Erst dann folgt die genaue (wissenschaftliche) Untersuchung. Das erfinderische Wissen meint, das Wissen weiterzuentwickeln, selbst neue Regeln aufzustellen, neu Gelerntes mit bisherigem Wissen zu kombinieren. (S. 130).

Wenn Lernen schnell gehen soll, so kann das im Kontext (angenehm, anwendungsbezogen, lustvoll) interpretiert werden als: So gut wie nötig - für den aktuellen Anlass; mit der Perspektive, dieses unvollständige Teilwissen jederzeit zu überprüfen und gegebenenfalls zu erweitern. Also nicht systematisch, sondern anwendungsbezogen - auf die aktuelle Lebenswelt (den Ausgangspunkt) des Kindes bezogen.

Lernen muss für den Lernenden einen direkten Sinn haben, es muss etwas aus dessen Lebenswelt erklären, verständlich machen. Das eigene Handeln in dieser Welt muss mit diesem Wissen besser, richtiger gelingen. Ein Lernerfolg muss für den Lernenden gewissermaßen direkt praktisch anwendbar sein.

Bei der Mathetik steht das Kind und sein Erforschen der Welt im Vordergrund, nicht eine fachliche Systematik.

Die Erfahrungen des Kindes mit der Welt stehen im Vordergrund, nicht die Stoffvermittlung durch die LehrerIn und durch ein Lehrbuch.

Die möglicherweise rasch wechselnden Interessen des Kindes bestimmen den Ablauf des Unterrichts, nicht die Systematik der fachlichen Themata.

Das Kind und seine Auseinandersetzung mit seiner Lebenswelt bestimmt das Lerngeschehen, nicht der Lerngegenstand, seine Voraussetzungen und seine Stellung im fachlichen Zusammenhang.

Reinard Kahl beschreibt das so:
> „Üben ist für Kinder ein Schreckgespenst", sagte der große Pianist und Komponist Arthur Schnabel. Er wollte das Wort am liebsten verbieten. „Ich muss jetzt üben", sagt der Schüler mit verquältem Gesicht. Üben

und müssen sind bei ihm zu einer freudlosen Liäson verwachsen. Und nicht nur bei ihm.

Üben wurde so etwas wie eine zur Bewährung ausgesetzte Vorstrafe auf den sogenannten Ernst des späteren Lebens. Mit diesem Üben will man nichts zu tun haben. Und so wurde wieder mal das Kind mit dem Bade ausgeschüttet.

Was aber Üben wirklich ist, sieht man bei den Kindern.

Ein Baby zieht sich am Stuhl hoch und fällt hin. Es richtet sich am Hosenbein des Vaters auf und wieder fällt es. So geht das vielleicht wochen- oder sogar monatelang. Erwachsene hätten längst aufgegeben. Aber Kinder machen weiter, bis ihnen das Laufen wie automatisch gelingt. In Phasen der Unlust sammeln sie neue Energie. Aus Leiden bilden sie Leidenschaft. Ohne Leiden, auch das kann man von Kindern lernen, geht es nicht. Aber irgendwann kann dann jeder laufen. Laufen ist eine schöne Metapher. Physiologisch gesehen ist es aufgefangenes Fallen, Wechsel von Stabilität in Instabilität, Schritt für Schritt. Beim Laufenlernen macht jeder seinen Grundkurs im Üben. Wir lernen von Fall zu Fall und wir lernen uns im Fallen zu fangen.

Man stelle sich vor, Kinder würden Laufen und Sprechen so lernen wie in der Schule. Erst die Regeln und Theorie. Alles im Sitzen. Dann Anwendungen. Schließlich sechs Wochen ins Praktikum. Ach nein, würden viele Lehrer sagen, keine sechs Wochen Praktikum, wir müssen doch mit dem Stoff vorankommen, lieber nur vierzehn Tage. Wer könnte danach laufen oder sprechen?"[41], [42]

Wenn die sieben Gs: „Der *gleiche* Lehrer unterrichtet alle *gleichaltrigen* Schüler im *gleichen* Tempo mit dem *gleichen* Material

---
41 Kahl, Reinhard (2011)s
42 Vgl. Freinet, Célestin(1967, de:2011)

im *gleichen* Raum mit den *gleichen* Methoden und dem *gleichen* Ziel"[43] nicht mehr gelten, was geschieht dann im Unterricht?

Falko Peschel hat für seine Dissertation an einer Troisdorfer Regelgrundschule eine ganz normale Klasse aus gleichaltrigen Kindern unterrichtet.[44] In seiner eigenen Schule, der Bildungsschule Harzberg, werden altersgemischte Klassen unterrichtet.[45] Es geht also noch um das ‚gleiche Tempo, das gleiche Material, den gleichen Lernort, die gleichen Methoden und das gleiche Ziel'.

Wenn das gleiche Ziel aufgegeben wird, heißt das nicht, dass die LehrerIn nun für jedes einzelne Kind ein individuelles Ziel vorgeben muss und dementsprechend für jedes Kind das leisten soll, für was er bisher in Bezug auf die ganze Klasse verantwortlich war. Falko Peschel beschreibt in der „Didaktik des weißen Blatts"[46]: „Das leere Blatt übe einen „Zwang zur Eigenaktivität"[47] aus. Ein Kind kann nun nicht mehr ein vorgegebenes Thema konsumieren und die Aufgaben dazu aberledigen[48]. „Jede Beschäftigung, die gewählt wird, zwingt dazu, aktiv zu sein und das Lernen zu lernen. Der Schüler *muss* sich ein Thema suchen, er *muss* sich überlegen, wie er dieses angeht, er *muss* produzieren und reflektieren, er *muss* gestalten und formulieren und zwar so, dass er den anderen Schülern ein für sie verständliches Ergebnis präsentieren kann."[49]

---

43   Helmke, Andreas (2011) Interview in: Die Zeit
44   Vgl. Peschel, Falko (^{2}2006), S. 370
45   Vgl. Peschel, Falko (o.J.): Bildungsschule Harzberg
46   Peschel, Falko (^{2}2006), S. 77
47   Ebenda, S. 80
48   Vgl. ebenda, S. 80
49   Ebenda, S. 80f

Folgerungen für die LehrerIn

Sie stellt den Rahmen sicher, in dem ein mathetisch ausgerichtetes Lernen stattfinden kann.

Das bedeutet im Einzelnen, dass die LehrerIn hauptsächlich eine fragende Haltung einnimmt und dem Kind hilft, sich über seine Wünsche klar zu werden. Sie darf dem Kind nicht ihre Sicht überstülpen, ihre Vermutungen mit dem Willen des Kindes verwechseln, aus der Sicht ihres Wissens und ihrer - auch professionellen - Erfahrungen das Kind in die ‚richtige' Richtung dirigieren.

Die Gedanken zum leeren Blatt geben auch Hinweise auf das, was sich für eine LehrerIn verändert: Da kein Thema festgelegt ist, muss erst einmal herausgefunden werden, was das Kind aktuell bearbeiten möchte. Da es keine festgelegten Ziele gibt, ist selbst mit einer Entscheidung für ein Thema noch nicht festgelegt, was für das Kind interessant ist. Vorschläge der Art: ‚Dann mach doch mal ...' oder auch in Frageform: ‚Möchtest Du vielleicht ...' sind jedenfalls in dieser Situation eher dazu geeignet, eine eigene Entscheidung des Lernenden zu unterlaufen, vor allem dann, wenn Kinder schon mit traditionellem Unterricht Erfahrungen gemacht haben. Dann versuchen sie nur noch mit sehr viel Geschick herauszubekommen, was die LehrerIn gerne hören möchte und achten nicht mehr auf ihre eigenen Wünsche.

Jedes Hilfsangebot der LehrerIn in diesem Moment muss also dazu führen, dass das Kind sich über seine *eigenen* Interessen klar wird.

> „Der Lehrer ist ansprechbar für Fragen, gibt Hilfen und Impulse, besorgt Material zum Kleben und Heften, organisiert Tonpapier und Kopien. Wichtig ist ihm dabei, das ‚Lernen hochzuhalten', d.h. die Kinder dürfen zwar ganz auf ihre Weise an ihren Sachen arbeiten, aber sie dürfen nicht nur spielen. Wollen sie Sachen untersuchen, so müssen sie ihr Vorgehen entsprechend protokollieren bzw. anderen vorstel-

> len können. [...] Ansonsten hält sich der Lehrer aber weitgehend aus Stoffauswahl und Vorgehensweise heraus, allerdings versucht er schon sein (ehrliches) [nicht didaktisches (!), JG] Interesse an den eigenen Forschungen der Kinder zu bekunden, wenn er sich Erfindungen und Gedankengänge von ihnen erklären lässt und diese u.U. für sich selbst notiert. Der Lehrer ist dadurch immer wieder neu gefordert, den Weg der Kinder nachzuvollziehen und eigene Lösungen zu relativieren."[50]

Die LehrerIn ist also nicht überflüssig und sie überlässt auch nicht die Kinder einfach sich selbst. Sie begleitet die Kinder aktiv - Rogers würde sagen: ‚Sie zeigt den Kindern ihre Wertschätzung. Sie kümmert sich um die Lernenden, „ohne dabei von ihnen Besitz zu ergreifen."[51] Sich ‚kümmern' heißt bei Falko Peschel: Sachverhalte hinterfragen, um Klärung bzw. Erklärungen bitten, Impulse zum Weiterdenken und Weiterarbeiten anbieten, Brücken schlagen zu vorangegangenen Präsentationen,[52] ... . Heißt auch (bei Carl R. Rogers), die „gelegentliche Apathie oder die sprunghaften Wünsche des Lernenden [...] [oder auch, JG] persönliche Gefühle lernhemmender Art zulassen"[53] und zu akzeptieren. Für Carl R. Rogers ist es wichtig, dass die Grundhaltung immer davon ausgeht, dass Lernende (noch) unvollkommene Menschen sind, die viele Gefühle und viele Entwicklungsmöglichkeiten haben. Diese Wertschätzung von Lernenden drückt immer spürbar aus, dass die LehrerIn ein „grundlegendes Vertrauen in die Fähigkeiten des menschlichen Organismus"[54] hat.

Sie achtet darauf, dass jedes der Kinder mit seinen Lernvorhaben und Lerninteressen wahrgenommen wird und dass es an diesen Vorhaben und Interessen in seinem Sinne arbeiten kann und dabei unterstützt wird.

---

50 Peschel, Falko (^{2}2006), S. 81f
51 Rogers, Carl (1974), S. 110
52 Peschel, Falko (22006), S. 82f
53 Rogers, Carl (1974), S. 111
54 Ebenda

Sie achtet darauf, dass Arbeitsergebnisse der Kinder gehört und diskutiert werden, dass möglichst praktisch durch die Kinder selbst überprüft wird, wie sie diese Ergebnisse verstehen und mit ihrer eigenen Lebenswelt in Beziehung setzen.

Sie unterstützt (bei Bedarf) das Kind dabei, aus einem Wunsch ein Interesse und Vorhaben zu formulieren, abzuklären, ob es mehr in diese oder jene Richtung geht, wie es denn diese oder jene Äußerung gemeint hat.

Das geschieht normalerweise im Kreis, der mindestens morgens und mittags - manchmal auch noch vor oder nach Pausen. Hier erzählt jedes Kind der Gruppe, was es sich für heute vorgenommen hat. Anschließend geht es aus dem Kreis. „Sollte ein Kind noch keine Idee haben, so wird es erst einmal übersprungen."[55] Es gibt also keine quälende Situation: ‚Na komm, nun denk doch mal nach!' Kein Vorführen eines Kindes. „Bis zum Ende der Runde hat es entweder eine Idee oder wendet sich - was selten vorkommt - an den Lehrer, der dann mit ihm zusammen überlegt."

Im Kreis werden auch Fragen gestellt und geklärt. Kinder „äußern sich zu den Arbeiten der anderen, machen Verbesserungsvorschläge, greifen Ideen auf und sprechen gemeinsame Arbeiten ab."[56]

Es geht nicht einfach nur um das Abhaken, nicht darum, dass alle Kinder einmal dran waren. Wenn die ‚Wertschätzung' nicht nur eine Attitüde der LehrerIn ist, kann kein Kind übergangen werden.

Sie achtet darauf, dass Kinder sich bewusst dafür oder dagegen entscheiden, sich mit einem Thema zu beschäftigen und darauf, dass die Vorhaben der Kinder konkret genug für die Kinder selbst sind, damit diese mit ihrer Arbeit beginnen können, drängt aber nicht auf eine Entscheidung.

---

55   Peschel, Falko (²2006), S. 81
56   Ebenda, S. 82

Sie macht gegensätzliche bzw. widersprüchliche Interessen des Kindes deutlich. So kann das Kind sich für die eine oder andere Richtung entscheiden oder so seinen eingeschlagenen Weg weitergehen.

Sie unterstützt das Kind in jeder Hinsicht, sein Vorhaben voranzubringen, ohne selbst das Vorhaben in die Hand zu nehmen oder in eine bestimmte Richtung zu lenken, ohne auch nur subtilen Druck auf das Kind auszuüben, Hinweise auf einen ‚richtigen' Weg zu geben.

Falko Peschel schreibt:

> „Kinder wissen in der Regel, warum sie in die Schule kommen: sie wollen lernen und tun dies auch. Und zwar von sich aus. Durch die stetige Auseinandersetzung mit dem, was sie interessiert bzw. was um sie herum passiert. Und die wenigen Inhalte bzw. Normierungen, die sich nicht aus dem impliziten Lehrgang des Faches selbst ergeben (man schreibt und liest immer besser und richtiger, man rechnet mit immer komplexeren Zahlen und Operatoren usw.) tauchen in der Regel von selbst über die verschiedensten Kanäle auf: aufgeschnappt bei Geschwistern, entdeckt beim Stöbern in Arbeitsheften oder Büchern oder auch bewusst oder unbewusst vom Lehrer oder von Mitschülern angestoßen. Diese Vorgehensweise ist dabei alles andere als beliebig, denn dadurch, dass alle möglichen Inhalte im Laufe der Grundschulzeit immer wieder zu den unterschiedlichsten Zeitpunkten und auf unterschiedlichstem Niveau auftauchen, wird ein Spiralcurriculum erzeugt, das sicherer nicht sein könnte: Jedes Kind kann sich zu jedem Zeitpunkt genau auf seinem Niveau mit einer Sache beschäftigen, umgeben von der ständigen Herausforderung, noch einen Schritt weiter zu gehen."[57]

Das bedeutet auch, dass es nicht wichtig ist, dass ein Kind jetzt noch diesen und jenen (fachsystematischen) Zusammenhang mitbekommen soll, nur weil es gerade dieses Thema bearbeitet.

---

57 Peschel, Falko (^{2}2006), S. 83f

Dieses Denken in den Strukturen der Fachsystematik behindert das Lernen, denn dieses folgt ganz anderen Strukturen, nämlich denen des individuellen Kindes.

Carl R. Rogers nennt es „Wertschätzen, Anerkennen, Vertrauen."[58] Wertschätzen bedeutet nicht nur die Wertschätzung der Person, sondern meint auch die der Interessen des Kindes, eben nicht als ‚Befindlichkeit' abzutun. Die Anerkennung der Persönlichkeit des Kindes „als einer selbständigen Person, die es wert ist, ihr eigenes Recht zu haben[59]", die auch das Recht hat ihren eigenen Weg zu gehen, auf ihre eigene Art und Weise zu lernen, ihre eigenen Fehler zu machen und sie selbst als Fehler zu erkennen und zu korrigieren. Vertrauen bedeutet, sich dessen bewusst zu sein, dass diese anscheinend unsystematische Weise zu lernen nur eine andere, individuelle Systematik darstellt, die nur das Kind kennt. Die LehrerIn kann nur darauf vertrauen, dass dieser Weg, den das Kind geht, für das Kind selbst der einzige Weg ist, den es sinnvoll gehen kann, um sich zu bilden.

Folgerungen für die Lernumgebung

Schon die Reformpädagogik hat mit Blick auf die Schulverhältnisse am Ende des 19. Jahrhunderts bemängelt, dass Schule auch in geeigneten Räumlichkeiten stattfinden müsse. Montessori ist noch erheblich weiter gegangen und hat eine ‚vorbereitete Umgebung' gefordert, die den Kindern vielfältige Anregungen und Hilfen bietet. Heute ist zu beobachten, dass vielfach eine hervorragende technische Ausstattung der Klassenräume schon als Garant für eine ‚gute' Ausbildung gewertet wird. Die tolle

---
58 Rogers, Carl (1974), S. 110
59 Rogers, Carl (1974), S. 110

Ausstattung hilft den Kindern aber nur dann, wenn sie ihnen dabei hilft, ihre eigenen Fragen zu untersuchen und die Antworten zu finden, die zu ihren Fragen passen.

Unter mathetischen Gesichtspunkten reicht jedoch die materielle und/oder technische Ausstattung alleine nicht hin, um Lernen zu befördern. Wichtiger ist die individuelle Unterstützung, nicht eine pauschale Förderung. Das Gießkannenprinzip: ‚Es wird schon jedeR was vom Wasser mit dem Düngemittel abbekommen' ist eher das Gegenteil von individueller Hilfe für ein Kind.

Kommunikation erlauben
Der vielleicht wichtigste Gesichtspunkt für eine mathetische Lernumgebung ist das Zulassen von Kommunikation, unabhängig von den üblichen Lehrer-Schüler-Dyaden. Dabei stellt sich heraus, dass Kinder eine Reihe Fähigkeiten einbringen, die gar nicht zum Tragen kommen, wenn die Kommunikation nur über die LehrerIn läuft. Das Zulassen von Kommunikation führt bei den Kindern auch zu einem ganz anderen Erleben von Schule.

> „In den Kreisgesprächen versteht *Bettina* es schon sehr früh, sich auf einfühlsame Weise in andere Menschen bzw. Positionen hineinzudenken und diese Sichtweise im Kreis zu erklären."[60]

Über *Bodo* wird gesagt:

> „Du kannst gut Gruppen zu einem Ziel hinführen und wirst dabei von allen Kindern als Leiter akzeptiert, da du mit ihnen sehr verantwortlich arbeitest und sowohl Probleme in der Gruppe als auch die einzelner Kinder berücksichtigst."[61]

Selbst von *Carlo*, der als ‚verhaltensauffällig' bezeichnet werden kann, lässt sich sagen:

---
60 Peschel, Falko (²2006), S. 389
61 Ebenda, S. 389

„Denn Du gibst anderen Kindern immer so tolle Tips, wie sie sich fair und gerecht verhalten können, dass es dann schon manchmal komisch ist, wenn gerade du immer in den Zankspielchen mitmischt."[62]

Ines meldet zurück, sie habe sich sehr wohl gefühlt,
„weil alle so wie meine Brüder und Schwestern sind. [...] Auch wenn du nur mein Lehrer bisst, finde ich, das du zu meiner Familie gehörst."[63]

Meike wird
„gerne als Kreischef bzw. als Streitschef gewählt, weil die Kinder ihre fröhliche und herzliche Art sowie ihre Fähigkeit, sich in andere Personen hineinzudenken, schätzen."[64]

Michael ist eines der Problemkinder in der Klasse, die ständig „durch den Lehrer oder Klassenkameraden betreut bzw. beschäftigt werden"[65] müssen. Trotzdem
„wird Michael von den anderen Kindern voll als Klassenkamerad mitgetragen. Seine Sonderrolle wird akzeptiert, die Kinder äußern sich mit konstruktiven Vorschlägen zur Problemlösung, die Zugehörigkeit von Michael zur Klasse wird nicht in Frage gestellt."[66]

Diese Zugehörigkeit wird zwar auf eine harte Probe gestellt und es kommt zu einem intensiven Gespräch zwischen der Klasse und Michael. Falko Peschel beschreibt dieses Gespräch als „engagiert und hochgradig empathisch".[67] Es gelingt der Klasse Michael mitzuteilen, dass er zwar akzeptiert wird, so wie er ist und gleichzeitig auszudrücken, dass sein Verhalten andere Kinder in ihren Rechten einschränkt. Beides kann so kommuniziert werden, dass es auch so von Michael verstanden werden kann.

62 Ebenda, S. 392
63 Ebenda, S. 403
64 Ebenda, S. 413
65 Peschel, Falko (^{2}2006), S. 420
66 Ebenda, S. 420
67 Ebenda, S. 421

Falko Peschel räumt ein, dass „ihn die reflektierte Art der Lösungsvorschläge und Fragen der Kinder ‚weit in den Schatten gestellt' hat."[68] Das Problemverhalten von Michael eskaliert also nicht zu einem Machtkampf zwischen Schüler und Lehrer, die anderen Schüler können sich also auch nicht auf die Rolle von Zuschauern, bzw. Juroren zurückziehen, die sich schließlich auf die eine oder andere Seite schlagen und die Auseinandersetzung dem Lehrer überlassen. Sie sind vielmehr Beteiligte mit einem eigenen Interesse in dieser Situation. Das verändert das Verhalten der Kinder grundlegend. Auch Michael befindet sich nicht in einem Schlagabtausch mit seinem Lehrer und kann nicht darauf hoffen, dass seine MitschülerInnen aus diesem Grund für ihn Partei ergreifen. Er ist jetzt gerade *nicht* der Protagonist in dem fortwährenden Kampf zwischen Lehrer und Schüler, zwischen Chef im Ring und Underdog und kann daher auch *nicht* aus dieser in vielen anderen Situationen bekannten Konfrontation Solidarität bekommen.

So kann diese Auseinandersetzung auf einer sehr persönlichen Ebene ausgetragen werden. Die von Rogers beschriebene „Anerkennung dieser anderen Persönlichkeit als einer selbstständigen Person, die es wert ist, ihr eigenes Recht zu haben"[69] so zu sein, wie sie nun mal ist, findet in dieser Auseinandersetzung zwischen der Klasse und Michael beidseitig statt. Sowohl Michael als auch die Mitglieder der Klasse können erkennen, dass es nicht um Macht geht, nicht um gewinnen oder verlieren, nicht um eine einseitige Einsicht in *richtiges* Verhalten, sondern darum, wie eine gemeinsame Lösung gefunden werden kann. Rogers sagt, dass nur auf einer solchen Ebene, die die Gefühle einschließt, gegenseitiges Verständnis und gegenseitige Einsicht in eigene und die Verhaltensweisen der Anderen stattfinden kann. Nur dann kann eine Veränderung in den Beteilig-

---

68 Ebenda, S. 421
69 Rogers, Carl (1974), S. 110

ten vor sich gehen. Rogers nennt dieses Verhalten Empathie. Wie wichtig Kindern diese Kommunikation miteinander ist, zeigt auch ein Beitrag von Walter Hövel. Er fragte: „Wie viel Zeit verbringst du in der Schule mit?"[70] Vierundsechzig Prozent der Kinder antworten, dass sie viel bzw. sehr viel Zeit mit ‚Schulversammlungen' verbringen: „

- Täglich ein- bis dreimal findet der Klassenrat als Planungs- und Besprechungskreis statt,
- wöchentlich die Dichterlesung,
- die Montagsversammlung,
- Vorstellungs- und Planungskreise,
- Der Wochenabschlusskreis,
- die Vorlesung und
- das Kinderparlament,
- 14tägig die Schulversammlung
- und der Schulgottesdienst,
- das halbjährliche Englisch-Feedback,
- die jährliche Versammlung der Englandfahrerinnen und -fahrer und
- täglich möglich sind die Präsentation eigener Themen,
- der „Wir-reden-über-Mathematik-Kreis",
- die Mädchen- und die Jungsversammlung,
- die Busfahrerversammlung,
- die Klo-Versammlung,
- die Flurversammlung,
- Erstklässler und
- Ganztagsversammlungen,
- Partner- und Patentreffen,
- Sorgengruppen,
- Beratungsgespräche

---

70   Hövel, Walter (2011).

Unsere Kinder scheinen den größten Teil ihrer Zeit wirklich in Versammlungen zu verbringen. Dies bewerten wir einerseits als Ergebnis, dass es uns gelungen ist, die Individualisierung des selbst bestimmten und selbst organisierten Lernens zu einem kooperativen Lernen zu machen. Die Kinder nutzen intensiv alle Möglichkeiten der Kooperation und der synergetischen Lerneffekte. Das drückt Gefühl für Verantwortungsübernahme in der Gemeinschaft, das Bewusstsein eine Schulgemeinde zu sein und eine lernende Schule zu sein, aus. Andererseits werfen auch „richtige" Vorgänge die Fragen nach Verbesserungen und der ständigen Erneuerung auf."[71]

Es handelt sich schlicht um Kommunikation untereinander und miteinander über Themen und Strategien des eigenen Lernens und zur Gestaltung des Schulalltages.

Das ist vollkommen konträr zum Alltag in der Regelschule: Hier müssen die Kinder still sein und am Platz sitzen. Es ist gar nicht vorgesehen, dass sie sich miteinander austauschen. Es wird dort in der Regel weder akzeptiert, dass sie selbständig ihren Platz - geschweige denn den Klassenraum - verlassen, noch dass sie selbständig mit anderen Kindern in der Klasse ein Gespräch beginnen. Die ganze Zeit soll möglichst der LehrerIn maximale Aufmerksamkeit geschenkt werden, bestenfalls dürfen die Kinder dann, wenn es die LehrerIn vorgesehen tat, zusammen vorgegebene Aufgaben lösen.

Im Offenen Unterricht benutzen Kinder Ihre Zeit dazu, sich intensiv miteinander über das zu unterhalten, was sie gerade lernen. Walter Hövel erklärt das so:

> „Die Umfrage muss vor dem Hintergrund verstanden werden, dass unsere Kinder jeden Tag selbst entscheiden, was sie arbeiten und lernen. Sie tun dies aus dem Kreis der Kinder heraus, ohne Wochenpläne oder andere Vorgaben der Lehrkräfte. Dieses selbst organisierte und eigen verantwortete Lernen bildet den Kern unserer Arbeit. Hinzu kommen Angebo-

---
71 Ebenda

te der Lehrkräfte in verschiedensten Formen und Zeiten, die die Kinder nicht nur aussuchen, sondern auch ablehnen können. Sie arbeiten alleine und in Gruppen, mit Partnern, überall im Haus, in ihrer eigenen Zeit."[72]

Es geht dabei nicht um den Austausch von Ergebnissen, nicht darum, was denn auf Seite drei oben hingeschrieben werden muss, weil das die LehrerIn wahrscheinlich so haben will. Es geht um den Austausch von Lernwegen: ‚Ich mache das so. Wie hast Du das denn gemacht?'

‚Schule' und ‚Leben' fallen also nicht mehr auseinander und haben nichts miteinander zu tun, sondern sind weitgehend deckungsgleich: In der Schule erforschen Kinder ihre eigene Lebenswelt.

Lernräume
Ein weiterer wichtiger Punkt aus mathetischer Sicht ist die Freiheit der Kinder, sich ihren aktuellen Arbeitsplatz selbst wählen zu können. Einfach schon allein deswegen, weil das subjektive Empfinden: ‚Hier kann ich gut lernen!' ganz wichtig für den Lernerfolg der Kinder ist. Es gibt keinen Grund, warum das ausgerechnet nur an einem festen Platz in einem Klassenraum möglich sein soll.

Das ist keine Utopie, sondern an der Grundschule Harmonie in Eitorf gelebte Realität.
Elena Schiemann beschreibt das so:
> Es gibt drei Eindrücke, die mir seit meinem ersten Besuch als Besonderheiten der Schule in den Sinn kommen:
>
> 1. Kinder und Lehrer bewegen sich frei in allen Räumen des Gebäuden - und zwar in Hausschuhen.
>
> 2. Es gibt keinen Schulgong.

---
[72] Ebenda

3. Auch Kinder nehmen im Sekretariat oder Lehrerzimmer Anrufe entgegen, wenn das Telefon klingelt.

Dies scheinen auf den ersten Blick vielleicht völlig unzusammenhängende Tatsachen. Mir wurde jedoch schnell klar, dass diese und zahlreiche weitere vermeintliche Kleinigkeiten sehr viel mit dem in der Schule vorherrschenden Menschenbild zu tun haben und einiges zu der auf mich entspannt und freundlich wirkenden Atmosphäre beitragen. Respekt, Vertrauen, Aufrichtigkeit und Verantwortungsübernahme bzw. -übergabe spielen dabei eine wichtige Rolle. In meiner eigenen Grundschule etwa war das Lehrerzimmer stets ein Tauraum. Sogar im Flur, der dorthin führte, hatten Kinder nichts zu suchen. Das Lehrerzimmer kannten nur diejenigen Schüler von innen, die sich einmal schlimm verletzt hatten, sich ein ‚schweres Vergehen' hatten zu Schulden kommen lassen oder dergleichen. Schade eigentlich, denn dort gab es sicher viele interessante Dinge zu sehen und zu entdecken.

In Harmonie sieht man Kinder in allen Räumen und Fluren des Gebäudes oder auch draußen auf dem Schulgelände arbeiten. Der dabei selbstverständliche Zugang zu Räumen und Materialien führt keineswegs dazu, dass die Kinder dies ausnutzten, um zu zerstören, zu verschwenden oder ‚Blödsinn' zu machen, was wohl die Befürchtung an vielen Schulen sein wird, die die Lehrer dazu veranlasst, die Räume zu verschließen. Im Gegenteil: Ein verantwortungsbewusster Umgang mit dem vorhandenen Material wird gelebt und gleichzeitig auch gelernt - und dies kann nur durch die Möglichkeit der freien und selbständigen Nutzung geschehen. Tritt Verschwendung oder unsachgemäßer Umgang auf, kann dies thematisiert werden, so dass gemeinsame Lösungen gefunden werden können (und müssen).[73] [Hervorhebungen: ES]

Es wird deutlich, dass es nicht um einen kosmetischen Eingriff in das Schulsystem geht. Es geht nicht darum neue Etiketten auf

---

73 Elena Schiemann (2008): S. 359 - 365

die schon immer vorhandenen Verfahren zu kleben. In der Regelschule ist es nachvollziehbar, dass LehrerInnen auf ‚schülerfreie Zonen' achten: Sie brauchen den Abstand. Im Offenen Unterricht sind die LehrerInnen nicht ‚Stoffagenten' sondern Lernbegleiter: Hier ist Abstand hinderlich. Nicht die LehrerInnen bestimmen, was gelernt werden soll, sondern die Kinder haben die Freiheit selbst über ihr Lernen zu entscheiden. Ein Lernbegleiter braucht Nähe, denn ein/e Lernende/r muss diese Begleitung als hilfreich empfinden.

Folgerungen für die Eltern

Eltern sind in einer schwierigen Lage: In diesem Unterricht ist nichts, wie sie es kennen. Sie können nicht vergleichen. Die Lehrer verhalten sich anders, die Kinder auch. Der Stoffdruck, der traditionelle Leistungsvergleich fehlt. Es wird nicht mehr im Gleichschritt gelernt. Die 7 Gs (Gleichschritt, ...)[74] sind außer Kraft.

Und nun?

Die Erwartung, dass Schule immer noch so ist, wie sie schon immer war, scheint überwältigend. Die Erfahrung: ‚Aus mir ist ja doch was geworden!' lässt offensichtlich vergessen, wie es denn damals wirklich war. Gerald Hüther hat einen Buchtitel gewählt: „Wer wir sind, und wer wir sein könnten." Sein Fazit dort lautet:

„Dabei müssten wir doch längst begriffen haben, dass Menschen unter Wettbewerbsdruck sich nicht weiterentwickeln und ihre Potentiale entfalten, sondern dass das, was durch das Schüren von Konkurrenz hervorgebracht wird, nur fortschreitende Spezialisierungen sind. Fachidioten und Leistungssportler kann man durch Wettbewerb erzeugen, aber nicht umfassend gebildete, vielseitig

---
74 Helmke, Andreas (2011), Interview in: Die Zeit

> kompetente und umsichtige, vorausschauende, denkende und verantwortlich handelnde, in sich ruhende starke beziehungsfähige Persönlichkeiten."[75]

An anderer Stelle führt er dazu aus:
> „Vierzig Prozent unserer Kinder setzen Schule mit ‚Druck, Anpassung, Zwang oder gar Beschämung' gleich." [76]

Und er wird noch deutlicher:
> „Die spannende Frage ist: ‚Warum verschwindet das [diese Entdeckerfreude, diese Neugier, mit dieser Offenheit, dieser Begeisterung in die Welt hinausgehen und sich eigentlich alles aneignen; Einfügung JG], irgendwann.
>
> Die Antwort der Neurobiologen ist: ‚Dafür gibt es kein Naturgesetz und das ist auch kein Automatismus, der im Gehirn angelegt ist oder in unseren genetischen Programmen. Sondern da machen wir irgendetwas falsch, wenn ein Kind im Laufe seiner Kindheit und spätestens in der Schule in der vierten Klasse seine Lust am Lernen verloren hat und nicht mehr gerne an diesen Ort geht, an dem ja eigentlich Lernprozesse stattfinden sollen. Dann ist etwas falsch. Dann müssen wir uns alle gemeinsam fragen, was wir da falsch machen. ...
>
> Möglicherweise sind unsere Bemühungen mehr aus den Kindern zu machen, sie zu fördern, Bemühungen, die so gar nicht funktionieren können. Möglicherweise haben wir ein falsches Bild.
>
> Kinder sind kein Ton, den man nach seinen Vorstellungen kneten und formen kann. Sondern Kinder sind lebendige Wesen und das Kennzeichen jedes lebendigen Wesens ist, dass es etwas besitzt, nämlich die Fähigkeit zur Selbstorganisation. Das gilt auch für das Hirn.

---

75 Hüther, Gerald (2011, TB 2013), S. 80
76 Hüther, Gerald (o.J.): Ohne Gefühl geht gar nichts (Vortrag youtube)

Das ist in unser gegenwärtigen Gesellschaft noch schwer zu denken. Selbstorganisation heißt: Man müsste Rahmenbedingungen herstellen, innerhalb derer sich das, was man sich wünscht, ereignet.

Was die Kinder aber erleben, ist, dass sie nicht als solche Selbstentwickler verstanden werden, sondern da gibt es immer jemanden, der sie entwickeln will und dem verweigern sie sich. Deshalb verlieren sie ihre eigene intrinsische angeborene Lust.

Im Grunde genommen geht das zurück auf zwei Grunderfahrungen, die da verletzt werden. Es bringt ja schon jedes Kind diese Erfahrungen mit auf die Welt - dass es die ganze Zeit ganz eng verbunden war - daraus erwächst dann diese Erwartungshaltung - das Gehirn hat das gelernt, dass es so eng verbunden war. Und jedes Kind bringt diese Erwartungshaltung mit auf die Welt, dass es da draußen, so wie es ist, richtig ist, dazugehören darf, angenommen wird, verbunden sein darf. Das ist die eine große Erfahrung. ...

Die andere große Erfahrung, die jedes Kind auch schon vor der Geburt gemacht hat, dass es da in dieser Verbundenheit ein Stück über sich hinausgewachsen ist. Deshalb bringt auch jedes Kind dieses andere Bedürfnis mit auf die Welt, nämlich dass es dort draußen Gelegenheiten finden will, Aufgaben finden will, an denen es wachsen kann, autonom und am Ende frei werden möchte.

Jede Maßnahme die dazu führt, dass Kinder das nicht können, dass sie spüren, ich bin so wie ich bin nicht richtig, ich soll eigentlich anders sein, es soll mir was beigebracht werden, führt dazu, dass diese eigentlich angeborenen Talente verschwinden und dass die Kinder ihre Offenheit verlieren, ihre Beziehungsfähigkeit verlieren, ihre Lernfreude verlieren und ihre Gestaltungslust verlieren.

> Wer glaubt, dass Schule weh tun muss und dass Kinder nicht freiwillig lernen, dass man sie dazu zwingen muss - der hat eine falsche Erfahrung gemacht, eine ungünstige Erfahrung. ...
>
> Manchmal gibt es dann Erwachsene, die beispielsweise nach einem Vortrag oder wenn ich ein Buch geschrieben habe - dann bekomme ich eine Rückmeldung, die heißt ungefähr so: ‚Also, ich bin auch in so eine Schule gegangen, wo man mit Prügeln oder mit Belohnung und Bestrafung dazu gebracht worden ist, dass man was gelernt hat - also wo ich auch hin musste und schau'n Sie, jetzt ist doch was aus mir geworden - jetzt bin ich Professor.'
>
> Das hat mich anfangs immer sprachlos gemacht. Jetzt habe ich eine schöne Entgegnung, jetzt sage ich: ‚Wer weiß, was aus Ihnen geworden wäre, wenn Sie mit Freude und Begeisterung hätten lernen können.' "[77]

Folgerungen für die Kinder

Keine. Oder doch? Sie fanden Schule und den „Peschel-Lehrer" toll. Wer es nachlesen mag: Im Kapitel 11.3.2 sind die Rückmeldungen der Kinder vom ersten bis zum vierten Schuljahr dokumentiert.[78]

- Sie *dürfen* lernen, was sie wollen, was ihnen wichtig und interessant erscheint.

- Sie *dürfen* lernen, was in ihrer Lebenswelt vorkommt.

- Sie *dürfen* in der Welt erforschen, was sie kennen lernen wollen.

---

77 Ebenda
78 Peschel, Falko (2006), S. 510 - 518.

- Ihre Erfahrungen auf diesem Weg sind Grundlage ihres Lernens.

- Sie *dürfen* über ihr Lernen selbst bestimmen.

- Sie *dürfen* ihr Leben selbst in die Hand nehmen.

- Sie *müssen* gar nichts!

Hier ist wieder Platz für Ihre Gedanken, Fragen, für eigene Erfahrungen zum Kapitel Mathetik, für Zustimmung, für Ablehnung, ...

Mathetik

Wenn sie möchten, können Sie mir diese Gedanken auch per Mail zuschicken: juergen@goendoer.net

Offener Unterricht -
die grenzenlose Freiheit?

Gibt es denn gar keine Verbindlichkeiten, ist Offenheit eine absolute Freiheit? Und wenn ja - Freiheit wovon und Freiheit wozu?

Dirk Eiermann hat 2010 die Schule von Falko Peschel besucht und beschreibt das so:

> „Aufgabe des Kreisleiters war immer, jedem zu seinem Rede- und Antragsrecht zu verhelfen, aber auch für Ordnung zu sorgen. Gegebenenfalls musste ein Kreisleiter Kinder auch aus dem Kreis schicken.
>
> An diesem Tag schickte Florian Dennis aus dem Kreis, nachdem er ihn mehrmals gebeten hatte, andere nicht am Sprechen zu hindern. Dennis weigerte sich zu gehen.
>
> Falko schlug ihm vor, Florian abzuwählen, falls er meinte, dass dieser seine Aufgabe schlecht machte, oder der Anweisung nachzukommen und zu gehen. Falko gab damit den Autoritätskonflikt ganz klar an das Kollektiv ab, wobei er Dennis auf sein demokratisches Recht ‚Autoritäten in Frage zu stellen' hinwies und damit die Macht des Kreisleiters relativierte, sie aber entschieden mit dem Einvernehmen der Gruppe rechtfertigte.
>
> Und diese hätte Dennis nicht Recht gegeben.
>
> Vermutlich sagte ihm das sein gesunder Menschenverstand auch, denn er verließ nach kurzem Überlegen kommentarlos den Kreis."[79]

---

[79] Eiermann, Dirk (2010).

‚Sie *müssen* gar nichts!' ist also auf das bezogen, was norma-lerweise im traditionellen Unterricht von Schülern erwartet wird. Das Beispiel macht aber auch deutlich, dass es nicht ohne LehrerIn geht und dass sich diese auch nicht einfach zufrieden zurücklehnen und die Kinder einfach sich selbst überlassen können: ‚Die sollen doch selbständig lernen!' Sie muss für demokratische Regeln eintreten.

‚*Sie müssen gar nichts*' ist darauf bezogen, dass die Kinder keine Vorgaben erfüllen müssen. Dass sie nicht unter Druck gesetzt werden, doch endlich das Aufgabenblatt abzugeben, damit ‚*man*' im Stoff weiter komme. Sie müssen auch nicht endlich still sein, damit die LehrerIn zu Wort kommt.

‚*Sie müssen gar nichts*' stimmt natürlich nicht in Bezug auf das Tun und Lassen der Kinder in der Schule. Aber - es ist eben *nicht* die LehrerIn, die für Recht und Ordnung sorgt und den Konflikt mit Dennis regelt. Eben weil sie nicht für oder gegen Dennis Partei ergreift, macht sie sich nicht zur Projektionsfläche für das Ränkespiel zwischen den SchülerInnen. Falko Peschel macht in dieser Szene deutlich, dass es in der Hand der Kinder selbst liegt, die Störungen von Dennis zuzulassen oder zurückzuweisen. Sie haben damit nicht die Möglichkeit, sich in die Rolle des Publikums zu begeben und sich damit aus der Verantwortung zu stehlen.

Das Beispiel von Dirk Eiermann zeigt sehr schön, dass sie sehr wohl andere am Reden hindern können, aber nur dann, wenn die anderen damit einverstanden sind. Das muss natürlich immer wieder transparent gemacht werden. Es gilt eben nicht das Recht der Stärkeren, der Beliebteren, der Eloquenteren. Es gilt auch nicht die - möglicherweise nach augenblicklicher Form variable - Grenze der LehrerIn.

Es gilt das, was die Kinder selbst beschlossen, sich selbst als Regel gesetzt haben oder aber neu beschließen. Wenn der Kreischef das Recht hat, den Kreis einzuberufen, müssen die Kindern entweder der Anordnung des Kreisleiters folgen, oder ganz aktuell etwas anderes abstimmen. Selbst die Kreistreffen können von den Kindern abgeschafft, aber auch wieder eingesetzt werden.[80] Das heißt, sie müssen tatsächlich immer wieder selbst festlegen, nach welchen Regeln in ihrer Gemeinschaft gehandelt werden soll.

Mitbestimmung

Die Frage ist: Inwieweit können SchülerInnen in der Klasse (Unterrichtsablauf und Regeln) mitbestimmen? (Bild 1)

5	weitestgehend	Selbstregierung der Klassengemeinschaft
4	schwerpunktmäßig	Kinder können eigenverantwortlich in wichtigen Bereichen mitbestimmen
3	teils - teils	Kinder können eigenverantwortlich in vom Lehrer festgelegten Teilbereichen mitbestimmen
2	erste Schritte	Kinder können lehrergelenkt in Teilbereichen mitbestimmen
1	ansatzweise	SchülerInnen werden nur peripher gefragt, aber der Lehrer weiß schon vorher, wie es zu laufen hat; Kinder können in (belanglosen) Teilbereichen mitbestimmen
0	nicht vorhanden	Vorgabe von Verhaltensregeln durch den Lehrer oder durch Schulvorgaben

Bild 1[81]

Mitbestimmung ist immer eine Frage der Glaubwürdigkeit. In der Regelschule erleben Kinder jeden Tag, dass im Klassenzimmer eine klare Rechteverteilung herrscht: Sobald es um

---
80 Peschel, Falko (2006): Vortrag über Offenen Unterricht, Teil 3
81 Peschel, Falko (2006): S. 55

Unterricht geht, darum, ein Thema zu bearbeiten, gibt es nur Einen der bestimmt: die LehrerIn, bzw. der Stoffplan. Diese indirekte Dominanz des Stoffes erdrückt jeden Versuch, selbst Verantwortung für die eigenen Wünsche zu übernehmen. Jede Aktion gerät somit in die Gefahr, sich auf diese Weise gegen die Allmacht des Lehrers zu wehren. Es geht dann gar nicht mehr um das Verhalten von Dennis, sondern darum, dass Dennis eine Möglichkeit gefunden hat, den von der LehrerIn geplanten und durchgesetzten Ablauf zu unterbrechen. Damit sind alle die, die mit diesem Ablauf - aus welchem Grund auch immer - nicht einverstanden sind, plötzlich auf der Seite von Dennis.

Solange SchülerInnen in ihrem Schulalltag nicht permanent erleben können, dass Unterricht nicht nur das Ding des Lehrers ist, der das mit allen Rechten ausgestattet auch durchsetzen und Sanktionsmöglichkeiten z.B. die Zensuren für dieses Ziel einsetzen kann, so lange bleibt auch die Ernsthaftigkeit, die soziale Dimension in der Schule glaubhaft mit Leben zu füllen ein Farce.

Mitbestimmung kann nur dort funktionieren, wo ihre Ergebnisse auch sichtbar, erlebbar werden. Ist das nicht der Fall, wird Mitbestimmung durch den Unterricht konterkariert: hier hat der Lehrer das Sagen und bestimmt, was jetzt getan werden soll.

Im Offenen Unterricht wird vieles über den ‚Kreis' geregelt. Der Kreis ist die Vollversammlung der Klasse. In der Klasse findet sich ein abgeteilter Bereich, in dem sich alle zusammenfinden können. So ist schon von der räumlichen Struktur her ein Abstand zum sonstigen Geschehen in der Klasse getroffen: Wenn ‚Kreis' angesagt ist, müssen sich die Kinder auch physisch aus ihrem Tun lösen und den Kreis aufsuchen. Sie können auch Ausnahmeregeln schaffen, z.B. man kann sich abmelden, oder den Kreis auch ganz abschaffen. Er ist also keine feste Einrichtung, die vom Lehrer gesetzt ist. Demzufolge ist die LehrerIn auch nicht verantwortlich dafür, dass der Kreis auch wirklich zustande kommt. Er wird auch nicht groß eingeführt oder erklärt.

Im Kreis werden z.B. geregelt:

- Lernsachen: Wer nimmt sich welches Thema vor, wer arbeitet mit wem, wer sucht noch Ideen, wer möchte einen Vortrag halten, eine Präsentation machen, ...;

- formale Dinge: welche Räume sind frei/nicht frei, was liegt diese Woche noch an, ...;

- soziale Dinge: wer möchte etwas im Ablauf ändern, muss etwas unter den SchülerInnen – evtl. auch mit SchülerInnen anderer Klassen - geregelt werden, gibt es etwas, was mit dem Lehrer geregelt/besprochen werden muss, ...;

- persönliche Dinge: möchte jemand etwas erzählen, ...

Der Kreis ist sozusagen die oberste Institution der Klasse, in dem Entscheidungen getroffen werden. Er wird von einer gewählten SchülerIn geleitet - eine feste Amtszeit gibt es nicht. Dort werden auch alle Ämter - wenn es denn welche geben muss - vergeben, die zuvor im Kreis beschlossen wurden. Es gibt also keine Ämter, die von einer Theorie des Offenen Unterrichts oder aus der Erfahrungspraxis her bestehen.

Das Entscheidende ist, dass das, was im Kreis entschieden wird, dann auch im Schulalltag wiederzufinden ist. Die SchülerInnen erleben also eine Entscheidung über Dinge, die sie geregelt haben möchten und an denen sie aktiv teilnehmen können. Sie erleben auch die Auswirkung dieser Entscheidung. Wenn es nicht funktioniert, ist es eben nicht die blöde Schule oder die unfähige LehrerIn, es muss eben die Entscheidung geändert werden.

Da, wo die LehrerInnen diese Entscheidungen vorgeben, treffen die SchülerInnen auf ein Stück Schulalltag, welches ihrer

Kompetenz, die eigenen Dinge selbst zu regeln, schon entzogen worden ist. Daran kann man sich gewöhnen und dann, wenn man aus welchem Grund auch immer mit dieser Regelung unzufrieden ist, auf den schimpfen, der für diese Regel verantwortlich zeichnet.

Beispiel 1: Wie lange darf man an den PC

Ein Beispiel aus dem zweiten Schultag der ersten Klasse: Die Nutzung der Computer.

> „Auf Grund der hohen Nachfrage nach Arbeit an den Computern wird nach der Pause ein Treffen organisiert. Im Tagebuch steht: ‚Zunächst muss zusammen geklärt werden, wie wir das mit den Computern handhaben wollen. Vorschläge von 5, 8 und 30 Minuten werden gemacht. Nach einigem Hin und Her und mehreren Abstimmungen kristallisiert sich 30 Minuten als Zeitintervall heraus. Demokratisch.'"[82]

Diese Entscheidung schläft mit der Zeit ein. Die Art und Weise, wie die Computer von den Kindern genutzt werden, finden die Kinder aber scheinbar o.k., erst in der achten Woche nach den Herbstferien - die Arbeitsbedingungen werden diskutiert - kommt es zu einer neuen Abstimmung. Diese soll vor allem vermeiden, „dass einzelne Kinder nur am Computer arbeiten."[83]

Die Beschreibung dieser ersten Entscheidungsfindung zeigt, dass auch in der ersten Klasse am zweiten Schultag eine Mitbestimmung per ‚Abstimmungs-Demokratie' möglich ist, wenn es denn für die Kinder klar ist, um was es denn geht und wenn es ihnen wichtig ist, dass eine Regel aufgestellt wird. Sie ist auch

---
82 Peschel (²2006), S. 538
83 Ebenda, S. 543

ein Beleg dafür, dass Entscheidungsfindung erst gelernt werden muss. Entscheidungen zu treffen ist der beste Weg Entscheidungsfindung zu lernen.

Beispiel 2: Lautstärke im Klassenraum

Eine andere Entscheidung funktioniert nicht so einfach. Es geht dabei um das eigene Verhalten: Es geht um die Lautstärke im Klassenraum. Die Abstimmung greift also auch in die eigene Freiheit ein. Dieser Zusammenhang hat eine andere Qualität.

In den Kreistreffen der dritten Woche geht es u.a. um die Ruhe in der Klasse. Die Kinder schlagen Sanktionen gegen die vor, die nicht leise sind: „Klebestreifen über den Mund, an den Haken hängen, zum Langeweilen draußen verdonnern, Schlüssel werfen, Handzeichen geben, ein Schild mit einem durchgestrichenen schreienden Kind wie beim Parkverbot aufhängen."[84] Ein Beschluss wird allerdings nicht gefasst. Wahrscheinlich vor allem auch deshalb nicht, weil jede SchülerIn von diesen Sanktionen selbst betroffen sein könnte. Diese mögliche Konsequenz wird zwar - zumindest im Bericht Falko Peschels - nicht ausgesprochen, scheint aber dennoch allen bewusst zu sein.

Nach den Herbstferien, in der gleichen Diskussion um die Arbeitsbedingungen, beanstanden die Kinder wieder, dass es in der Klasse zu laut sei. Es sollen ‚Rausschmeißchefs' für Ruhe sorgen. Diese werden gewählt, haben aber keine Chance, ihr Amt so richtig auszuüben. Denn bereits am folgenden Tag wird die Entscheidung revidiert: Alle Kinder sollen sich um alles kümmern.[85] Leider schreibt Falko Peschel nichts über den Erfolg dieser neuen

---
84 Peschel (²2006), S. 540
85 Ebenda, S. 543

Regelung. Er berichtet allerdings, dass die Kinder in der achten Woche nach den Weihnachtsferien sehr ruhig und zielorientiert arbeiten.[86] Diese Bemerkung Falko Peschels könnte darauf schließen lassen, dass die SchülerInnen den Zusammenhang zwischen eigenem Verhalten und der bestehenden Diskussion mehr verinnerlicht haben, als in den vorangegangenen Sitzungen.

In der dritten Woche nach den Osterferien ist das Thema Lautstärke wieder auf der Tagesordnung. Zwei neue Kinder finden es zu laut. Auch Eltern haben Bedenken. Nach einer Klassenfahrt wird das Thema Lautstärke noch einmal angesprochen. „Alle sind dafür, dass es leiser werden sollte, aber konkrete Vorschläge zum Erreichen gibt es nicht."[87] Was äußerlich wie ein Rückschritt in der Sache ‚Lärm im Klassenraum' aussieht, könnte auch einen Fortschritt darstellen: Es bedarf keiner konkreten Vorschläge für Sanktionen mehr, weil eigentlich allen klar ist, wo die Ursache für den entstandenen Lärm liegt: Bei sich selbst. In diesem Fall wären auch konkrete allgemeine Vorschläge nutzlos, wie denn das Ziel erreicht werden kann. Jeder muss selbstverantwortlich dafür sorgen, dass so wenig Lärm wie möglich entsteht. Wenn es dennoch laut werden sollte, kann das nicht als Entschuldigung dafür gelten, dass man selbst auch laut ist. Zwei Kinder – die, deren Eltern Bedenken hatten – schlagen ‚Störlisten' vor, in die sie ‚laute' Kinder eintragen wollen. Falko Peschel berichtet dazu: „Aber beide bekommen selbst die Kurve trotz ruhigen Arbeitens der anderen Kinder nicht."[88]

Das Problem Lautstärke taucht erst wieder in der neunten Woche nach den Osterferien auf. Die Kinder der Klasse arbeiten relativ leise. Aber es sind SchülerInnen aus Nachbarklassen, die die Computer nutzen und die den Lärm verursachen. Sie erhalten Computerverbot außerhalb der Pausen.

86 Ebenda, S. 545
87 Peschel (^{2}2006), S. 546
88 Ebenda, S. 546

Bis zum Schluss der Grundschulzeit ist damit das Problem mit der Lautstärke vom Tisch. Es zeigt sich, dass auch ohne Machtkampf mit einem Lehrer das Thema den Weg in die Köpfe der Kinder findet und dort eine dauerhafte Verhaltensänderung bewirkt. Nicht, dass es nun gar nicht mehr laut in der Klasse wäre, aber ‚leise sein' ist nicht ein Anspruch des Lehrers, sondern ein Verhalten in der Selbstverantwortung der Kinder. Besonders deutlich wird das nach den Osterferien. Alle Kinder hätten es gerne leise, aber es gibt keine ‚Ordnungsvorstellungen', wie das herzustellen wäre. Irgendwie scheint den Kindern klar zu sein, dass für ‚leise sein' jeder selbst verantwortlich ist und jeder seinen Beitrag leisten muss. Ein ‚Rausschmeißer' dagegen wäre ja eine Verlagerung nach außen: ‚Der ist dafür verantwortlich, mein (lautes) Verhalten steht nicht zur Diskussion. Wenn ich Pech habe, werde ich selbst rausgeschmissen.' Das kann zum Nachdenken führen, aber auch ein lustiges Spiel sein.

Dazu kommt, dass ‚laut sein' die Kinder bei ihren selbst gewählten Aktivitäten stört. Sie können sich nicht auf das konzentrieren, was sie tun wollen. Es geht also auch nicht um die Unterbrechung einer Tätigkeit, die der Lehrer angeordnet hat und die möglicherweise ganz willkommen ist.

Offenheit im sozialen Verhalten erreicht also kein angeordnetes Verhalten, was halt sein muss, um in einer Gruppe klar zu kommen, keine Verinnerlichung von mir fremden Regeln, sondern ein Verhalten aus eigener Einsicht: Wie kann ich mich verhalten, damit alle in der Gruppe arbeiten können, sich wohlfühlen, das tun können, was ihnen wichtig ist.

Bei Falko Peschel liest sich das so:
> „Ich möchte daher abschließend dafür plädieren, (integrative) Sozialerziehung als Förderung der Selbstregulierung eines Individuums zu verstehen. SchülerInnen muss dadurch eine ehrliche Aus-

einandersetzung mit sich und der Gemeinschaft ermöglicht werden, dass nicht versucht wird, sie mittels einer trickreichen Erziehung zu schon vorher festgelegten Zielen wie Harmonie, Hilfsbereitschaft, Ordnung usw. hinzuführen, sondern man muss sich zutrauen, 30 Individuen auch 30 Individuen sein zu lassen. So traurig (oder beruhigend) es klingen mag: Die Kinder von heute lassen sich nichts vormachen. Sie sind durch die teilweise haarsträubenden Verhältnisse, in denen sie aufwachsen (von Überbehütung bis hin zur Verwahrlosung, von völligem Im-Stich-gelassen-werden bis zum Leistungsdruck schon im Kindergartenalter) gewohnt, den ‚Deal', den sie machen, erst einmal zu prüfen. Und das tun sie. Wenn er ehrlich gemeint ist und auf sie passt, werden sie ihn akzeptieren und wahrscheinlich sogar ‚alles dafür geben'. Wenn sie sich aber hintergangen fühlen, werden sie so viele Schlupflöcher und Sabotagemöglichkeiten finden, dass viele Erwachsene als einzig mögliche Reaktion darauf nur noch die Isolation von der bestehenden Gemeinschaft in Erwägung ziehen."[89]

Diese Selbstregulierung kann man auch als demokratischen Konsens über ein bestimmtes Verhalten beschreiben. Es hat sich also klassenintern ein Wert gebildet, der zwar nicht absolut Geltung hat, der aber doch jede SchülerIn der Klasse veranlasst, das eigene Verhalten immer wieder zu korrigieren. Dieser Wert hat sich nicht durch Abstimmungen ‚durchgesetzt' - sonst würden sich die bei der Abstimmung unterlegenen kaum an die Abstimmung gebunden fühlen. Er hat sich vielmehr über mehrere Diskussionen im Kreis herausgebildet. Als ein Bedürfnis, welches alle gemeinsam haben. Es gibt auch im Falle der Übertretung keine Strafen - sie sind unnötig. Jede SchülerIn hat selbst das Maß dafür, wie viel Lautstärke möglich ist, wann eine Grenze erreicht ist, die eine Selbstregulierung notwendig macht. Eben weil jedem dieser Wert bewusst

---
89 Peschel (22006), S. 93

ist, ist es auch nicht notwendig Überschreitungen zu sanktionieren. Sie regeln sich von selbst. Sei es, weil sich derjenige, der ‚zu laut' ist an den Wert erinnert und sich mäßigt oder weil andere irgendwie aktiv werden. Irgendwie, weil es zahllose Möglichkeiten gibt, wie man sich an ein Ziel erinnern, bzw. erinnert werden kann.

Man denke bitte daran, dass es sich um eine erste Klasse handelt!

Hier ist wieder Platz für Ihre Gedanken, Fragen, für eigene Erfahrungen zum Kapitel Offener Unterricht - die genzenlose Freiheit?, für Zustimmung, für Ablehnung, ...

Offener Unterricht - die grenzenlose Freiheit?

Wenn Sie möchten, können Sie mir das, was sie aufgeschrieben haben, auch zumailen: juergen@goendoer.net

Offener Unterricht - ein Paradigmenwechsel?!

Offener Unterricht im Lichte von Eiko Jürgens

Viele Autoren haben zu Recht festgestellt, dass es für den offenen Unterricht keine einheitliche Definition gibt, ja sogar gefragt, ob es denn überhaupt eine geben kann.

> „Die pädagogische Diskussion um den Offenen Unterricht wird manchmal verkürzt und simplifizierend aus einer Position der völligen Ablehnung sogenannter ‚geschlossener' Unterrichtsformen heraus geführt und dabei die lernzielorientierte Didaktik im Zusammenhang mit einem wissenschaftsorientierten Lernbegriff und einer unausweichlichen Dominanz der Lehrperson (‚lehrerzentrierter Frontalunterricht') als Grundübel herkömmlichen Unterrichts angeklagt."[90]

R. Nehles schreibt schon 1981:

> „Blickt man sich um im Feld von Erziehung und Unterricht, wird man feststellen, dass Offenheit zu einem gängigen, oft und gern gebrauchten Terminus in der Sprache der Pädagogen geworden ist."[91]

Eiko Jürgens bescheinigt Dieter Lenzen, dass dessen Kritik der offenen Curricula[92] nicht überzeugend habe widersprochen werden können. Sie sei daher bis heute gültig.[93] Diese Kritik gelte auch „letztlich für alle pädagogischen Konzepte, die sich als ‚offen' verstehen bzw. ‚Offenheit' zum Inbegriff ihres Wesens und zum Maßstab ihrer Qualität machen."[94]

---
90 Jürgens, Eiko (⁶2004): S. 15
91 Nehles, Rudolf (1981): S. 9f
92 Vgl. Lenzen, D. (1976): S. 138 - 162
93 Jürgens, Eiko (⁶2004): S. 18
94 Ebenda, S. 19

Er kommt zu dem Schluss, es lasse sich „bislang weder von einer Theorie pädagogischer Offenheit noch von einer Theorie Offenen Unterrichts sprechen, noch nicht einmal von einer Theorie ‚offener Curricula', wie dargestellt wurde."[95]

Offener Unterricht wird von ihm schließlich als Bewegung beschrieben. Damit will er zum Ausdruck bringen,

> „dass es sich um eine Vielfalt von unterschiedlichen, zusammenströmenden Denk-, Motiv- und Handlungsformen handelt, denen der mehr oder weniger radikale Bruch mit der traditionellen Erziehungs- und Unterrichtspraxis des Schulwesens gemeinsam ist."[96]

Eiko Jürgens zeichnet ein treffendes Bild von ‚offenem Unterricht' wie er vor 2003 vielfach beschrieben wurde.

> „Allem Anschein nach reicht allein die Forderung und Verpflichtung aus, der so gemeinte Unterricht habe offen zu sein, um Konsens zu erzielen. ... der Benutzer des Slogans [sei, Einfügung: JG] nicht an einer intersubjektiven Vereinbarung von Interpretationsregeln zur Bestimmung dessen, was unter Offenheit des Unterrichts zu verstehen sei, interessiert ..., denn dann würde es übereinstimmungsfähige Interpretationsregeln geben und der Slogan verlöre seine einzige Funktion: Konsens zu erzielen. Die Attraktivität des Slogans vom Offenen Unterricht besteht gerade in seiner ausgedehnten Interpretationsbreite, die zahlreiche Interpretationsmöglichkeiten zulässt. Konsens bedeutet dann nichts weiter als *nicht geschlossen* zu unterrichten, und jeder beliebige Konkretion kann dann als ‚offen' gelten. Es kann dann gar nicht entschieden werden, ob ‚offen' unterrichtet wird, sondern nachprüfbar ist letztlich nur, dass eine bestimmte Unterrichtsform bzw. ein bestimmtes Unterrichtsverfahren als ‚offen' ausgewiesen wird, was auch immer im Einzelfall dabei tatsächlich passiert." [Hervorhebungen: EJ][97]

---

95 Ebenda, S. 19
96 Ebenda, S. 24
97 Ebenda, S. 20

Er löst dieses Dilemma, in dem er den scheinbar gordischen Knoten durchschlägt und behauptet: „Offenen Unterricht gibt es nicht!"[98] Gemeint ist damit, dass es offenen Unterricht als „Totalkonzept"[99] ebenso wenig gibt wie total geschlossenen Unterricht.[100]

Der von ihm so beschriebene offene Unterricht habe auch immer eine vielförmige - weil es ja ganz verschiedene Formen gibt, die jede von sich behaupten offener Unterricht zu sein - Beziehung zwischen Selbstbestimmung und Lenkung. Offener Unterricht sei daher eine „nötige und sinnvolle Ergänzung bzw. Alternative zum lehrerzentrierten Unterricht"[101] Er schreibt:

> „Fremdbestimmung und Selbstbestimmung oder Lenkung oder Selbständigkeit schließen sich nicht aus, sondern sind aufeinander bezogen. Pädagogische begründete Führung hat einzig und allein die Entwicklung und Förderung von Schülerinnen und Schülern zum Ziel und Inhalt. Jank/Meyer (1990, S. 412) sprechen in diesem Zusammenhang davon, dass die Lehrerin/der Lehrer die Verpflichtung hat, seine Schülerinnen und Schüler ‚mit Gewalt und Liebe zur Selbständigkeit' zu führen. Das bedeutet für den (offenen) Unterricht, die Schülerinnen und Schüler auf der einen Seite freizugeben zu selbständigem und selbstverantwortlichem Lernen und Handeln, sie aber nicht sich selbst zu überlassen, sondern sie bei den Prozessen des wachsenden Selbständig-Werdens zu unterstützen, anzuleiten, zu kontrollieren, wie ihnen auch gegebenenfalls über Hindernisse und Probleme hinwegzuhelfen."[102]

Vor diesem Hintergrund untersucht Eiko Jürgens die Begriffe ‚Freiarbeit' und ‚Lernen' in Bezug auf ein mögliches Konzept von offenem Unterricht zu definieren. Freiarbeit und Wochenplanarbeit sieht er als die tragenden Elemente des offenen Unterrichts.[103] Am Beispiel Wochenplanarbeit soll das verdeutlicht

98   Ebenda, S. 24
99   Ebenda, S. 26f
100 Vgl. ebenda, S. 50
101 Jürgens (62004), S. 67
102 Ebenda, S. 50
103 Vgl. ebenda, S. 100

und sein Verständnis von offenem Unterricht herausgearbeitet werden.

„Wochenplanunterricht (WPU) ist ein *Konzept der Unterrichtsstrukturierung und -organisation.* Er findet auf der Basis der vorgeschriebenen Lehrpläne statt und ist dementsprechend auch *‚lernzielbezogener'* Unterricht.

Die Arbeit mit Wochenplänen zielt darauf, Schülerinnen und Schüler einen umfangreicheren Arbeitsauftrag selbständig, d.h. in eigener Regie er- und bearbeiten zu lassen.

Sie erhalten zu Beginn eines festgelegten Zeitraumes (z.B. einer Woche) einen schriftlichen Plan, der eine Reihe verschiedener Aufgabenstellungen aus verschiedenen Lernbereichen bzw. Unterrichtsfächern enthält. Zu festgelegten Stunden (zum Beispiel eine Stunde täglich aber auch mehr oder weniger) wird dieser Plan dann von den Schülerinnen und Schülern bewältigt. [...]

Im Wesen der Lernberatung liegt es dann auch, die Schülerinnen und Schüler im Offenen Unterricht mit *Methoden und Arbeitstechniken des Lernens und Arbeitens vertraut zu machen,* damit sie selbständig aufgabenadäquate Informationen aus Lexika, Sachbüchern und anderen Nachschlagewerken entnehmen und auswerten können. [...]

Die für die Bearbeitung erforderlichen Hilfsmittel und Materialien werden mit Aushändigung des Wochenplans vorgestellt bzw. im Klassenraum an festgelegten Plätzen bereitgestellt und ggf. von der Lehrerin/ dem Lehrer in einer *Instruktion-* bzw. *Informationsphase* erklärt. [...]

Wenn eine Schülerin oder ein Schüler Schwierigkeiten mit der Bearbeitung bestimmter Aufgaben hat oder einen Lernstoff noch nicht sicher beherrscht, bietet sich als kooperative Sozialform das *Helferprinzip* an. [...]

> Deshalb bedarf es Geduld, bis die Schülerinnen und Schüler es verstehen, die Helferrolle in der Weise auszuführen, dass sie nicht die Lösungen von Aufgaben ‚vorsagen', sondern sich an der Suche des Lösungsweges helfend beteiligen (Schülerinnen und Schüler, die sich in der Helferrolle befinden, müssen also nach und nach ‚pädagogische' Fähigkeiten entwickeln.
>
> Im allgemeinen setzt sich ein Wochenplan aus einem Pflichtteil, deren [sic!] Bearbeitung für alle Schülerinnen und Schüler verbindlich ist, und einem ‚*freiwilligen*' Teil zusammen, welcher *Wahl-* oder *Zusatzaufgaben* enthält. [...]"[104]

Aus dieser Beschreibung wird deutlich, dass Eiko Jürgens die Wochenplanarbeit hauptsächlich als die Verlagerung von lehrerzentriertem auf materialzentierten Unterricht sieht. Alles ist festgelegt und vorherbestimmt. Methodenfreiheit bedeutet bei Eiko Jürgens:

> „Ausgehend von dem pädagogischen Grundsatz, dass nicht mehr alle Schülerinnen und Schüler zur selben Zeit mit denselben Lernmethoden dieselben Aufgabenstellungen erledigen müssen, bestimmt jede Schülerin/jeder Schüler selbst die *Reihenfolge der Bearbeitung und über ihr/sein Lerntempo.*"[105]

Es geht also nur um die Reihenfolge bei der Bearbeitung und das eigene Lerntempo - wobei diejenigen, die Schwierigkeiten haben, sich besonders lange quälen müssen. Individuell zugeschnittene Förderung ist nicht in Sicht.

Beim Helferprinzip schlüpfen SchülerInnen in die LehrerInnenrolle und müssen auch pädagogische Fähigkeiten entwickeln. Wenn Eiko Jürgens schreibt: „Dabei stehen die Elemente der *Selbststeuerungsfähigkeit* und *Selbstaktivierungsfähigkeit*

---

104 Jürgens (⁶2004), S. 100ff
105 Ebenda, S. 101

sowie der *Planungsfähigkeit* im Mittelpunkt [Hervorhebungen EJ]"[106], meint er mit dem Wortteil *selbst* immer, dass SchülerInnen nur im Rahmen von mehr oder weniger engen Vorgaben tätig werden. Es hat den Anschein, dass Eiko Jürgens mit ‚pädagogischen' eigentlich didaktische Fähigkeiten meint, denn mit der Lehrerrolle, in die die SchülerInnen schlüpfen sollen, werden die SchülerInnen nur zu seinem verlängertem Arm. Es geht dabei nicht um die Frage: ‚Wie machst Du das denn?' Sondern um das Erbitten von Anweisungen: ‚Sag Du mir doch, was ich da hinschreiben soll' und die richtige ‚lehrerInnengemäße' Reaktion darauf: Die fragende SchülerIn klein-schrittig zur richtigen Antwort zu führen. Es sollen vorgegebene Aufgaben abgearbeitet werden. Die Frage nach dem ‚Sitz in der Lebenswelt' bei der SchülerInnen bleibt außen vor. ‚Lernen durch Lehren' findet nur sehr eingeschränkt statt.

Außerdem: Nicht mehr die LehrerIn trägt die Verantwortung dafür das SchülerInnen Aufgaben bearbeiten, sondern diese werden über den Wochenplan in die Pflicht genommen.

Es soll darauf aufmerksam gemacht werden, dass hier von Eiko Jürgens nicht der traditionelle lehrerzentrierte Unterricht, sondern die avantgardistische Alternative beschrieben wird. Offen zu unterrichten bedeutete ja schon die Absage an den gängigen lehrerzentrierten Unterricht. Die Formulierung ‚mit Gewalt und Liebe' mag einerseits kennzeichnen, in welchem Dilemma fortschrittliche LehrerInnen gefangen sind - andererseits stehen mir die Haare zu Berge wenn ich auf das Datum blicke, wann dieser Satz veröffentlicht wurde (1990) und dass er 2004 ohne jeden Kommentar ausgerechnet in einem Buch über offenen Unterricht immer noch zitiert wird.

Eiko Jürgens bewegt sich keinen Zentimeter weg von einem am Lehrplan orientierten Unterricht. Die ‚neue Reformpädagogik' und der ‚Offene Unterricht' sind bei ihm anscheinend nur

---
[106] Jürgens (^{6}2004), S. 107

Vokabeln, die traditionellen Unterricht moderner und zeitgemäßer verkleiden. Den grundlegenden Wechsel zwischen ‚Schülerorientierung' in seiner Lesart und der ‚Schülerorientierung' im Sinne Falko Peschels bekommt er überhaupt nicht in den Blick.

Offener Unterricht - ein radikales Konzept?

Es ist nicht so einfach, Falko Peschels ‚Offenen Unterricht' mit dem zu vergleichen, was Eiko Jürgens zu diesem Begriff beschreibt. Das fängt schon mit dem Wochenplan an - es gibt nämlich keinen in dem von Falko Peschel beschriebenen Offenen Unterricht. Damit gibt es auch keinen umfangreichen Arbeitsauftrag, keine Materialien, die zu Beginn an festen Plätzen in der Klasse hinterlegt werden, es gibt keine Pflicht und auch keine Kür. Die Frage, ob der Wochenplan nur für ein Fach gelten soll oder für mehrere Fächer stellt sich nicht. Es gibt auch keine Fächer. Es gibt keine Helferrolle, in der die SchülerInnen pädagogische Fähigkeiten erwerben müssten. Es gibt keinen Vergleich, welche SchülerIn mehr oder weniger Aufgaben gelöst haben. Es gibt keine Lehrgänge, keine Lernprogramme - es gibt nichts von dem, was man sich normalerweise so vorstellt, dass es in Schule oder in den Unterricht gehört.

Nicht dass die Kinder keine Pläne hätten, doch ihre Pläne erstellen sie nach dem, was sie interessiert und schmeißen sie auch gleich wieder um, wenn es etwas anderes für sie Interessantes gibt. In der TV-Kindernachrichtensendung Logo vom 21. 09. 2006 über das Lernen in der Grundschule Harmonie in Eitorf - eine Grundschule, an der Falko Peschel Konrektor war und an der ebenfalls ganz auf den Lerneifer der Kinder vertraut wird - sagt ein Mädchen:

> „Man kann zum Beispiel sagen: ‚Ich mach jetzt eine Seite Mathe' und man kann auch mittendrin die Arbeit wechseln - ohne jemandem etwas zu sagen!"[107]

Die Moderatorin fährt fort:

> „Auch den Klassenraum dürfen die Schüler wechseln wann immer sie wollen! Sie dürfen in einem anderen Raum am Unterricht teilnehmen oder sich für ihre Arbeit einen Platz suchen, der Ihnen gefällt."[108]

Das kann auch das Zimmer des Schulleiters sein.
Ein anderes Kind sagt:

> „Ich find's eigentlich gut [das gemeinsame Lernen von Klasse eins bis vier, Einfügung JG], weil man dann nicht immer den Lehrer fragen muss, wenn man was nicht weiß, sondern die Älteren fragen kann..."[109]

Es gibt sie also auch, die Schülerhilfe - nur dass es hier nicht um Vorsagen von Ergebnissen und auch nicht um das Erlernen ‚pädagogischer Fähigkeiten' geht. Es geht um wirkliche Interaktion zwischen den Kindern nicht um didaktisierte Gespräche: ‚Wie spät ist es? Drei Uhr und 10 Minuten. Richtig! Sehr gut!'.

Faszinierend ist der Bericht von Walter Hövel - Schulleiter der Grundschule Harmonie in Eitorf, einer Regelgrundschule - über eine halbe Stunde, die er durch die GSH geht. Er sagt bezeichnender Weise nicht ‚meine Schule' sondern ‚unsere Schule'. Er notiert, was die Kinder und Erwachsenen machen. Er geht nicht durch leere Gänge und vorbei an Klassentüren, hinter denen Lehrer Schüler belehren, sondern (hier nur ein kleiner Ausschnitt):

> „Zwei Kinder schütten Wasser in das Aquarium im Forum. Gesine Schmitz, unsere Assistentin, säubert stoffbezogene Stühle mit Kernsei-

---
107 Transskript der Aussage einer Schülerin in der Nachrichtensendung für Kinder: Logo vom 21.9.2006
108 Ebenda
109 Ebenda

fe. Phillip malt in einen Karton eine Landschaft. David sägt und hämmert. Drei Kinder arbeiten an ihrem Thema ‚Skorpione', ein anderer an ‚Titanic'. Daniel und zwei weitere Kinder üben Schreibschrift, Johanna das 1x1 durcheinander. Levin berechnete gerade, dass unser Forum 480 m^3 hat. Eine Klasse hat gerade Vanessas Geburtstag gefeiert.

Florian hilft Tom beim Rechtschreiben. Anton, Nils und Manuel freuen sich auf ihr Vorlesen in der Dichterlesung. Nach der halben Stunde werden fast alle Klassen ihre wöchentliche Dichterlesung durchführen. Einige Kinder haben sich in Sport heute Morgen eine Mattenburg gebaut. Bei Maggy Heidel gestalten im Kunstraum einige Kinder aus einem Karton und Tüll eine Theaterbühne und ihre Korkkopfpuppen auf Schaschlikstäben. Bei Holger Riedel malen ein paar Jungs Kiwis und Fische mit Pastellfarben. Er zeigt mir seine eigenen Bilder. Andere Kinder malen Künstler nach.

Bela hilft Tomek dabei längere Geschichten schreiben zu lernen. Überall in der Schule schreiben viele Kinder ihre Texte für die Dichterlesung. Bei den Phönixen gibt es gleich zwei Dichterlesungen, eine für die Mädchen und eine für die Jungs. Marc Bohlen, Olivia, Johannes und Zeynep ziehen mit Zollstöcken, Papier und Bleistift durch das Schulgebäude, um die Frage der Woche beantworten zu können. Ein Kind unseres ‚Tee-Clubs', sie bereiten jeden Tag türkischen Tee in unserem Samowar, sitzt am Computer und entwirft ein ‚Teeclub-Emblem'. Fünf Kinder sitzen in der Druckerei und setzen ihre selbst geschriebenen Text mit der heutigen ‚Druck-Mutter'. Jan-Eric und Florian präsentieren per Powerpoint ihren Vortrag ‚Edelsteine'. Ein Mädchen übt Buchstaben schreiben, ein anderes arbeitet im Mathebuch. Zwei Jungs sitzen im Forum und stricken, zwei andere sagen Bescheid, dass sie zum Experimentierschrank gehen. Fati arbeitet mit einem Programm am Computer und bringt sich das Lesen der Uhr bei. Zwei arbeiten in der Lernwerkstatt."[110]

---

[110] Hövel, Walter (2009): Chronik der 25. Woche

Im Feature des WDR5 gibt Walter Hövel ein Einblick in dieses andere Denken:

> „Wir haben mit total verschiedenen Kindern zu tun und wir werden nie mehr versuchen sie gleichschrittig zu unterrichten - das ist Unsinn! Das bedeutet ganz ganz konkret, dass wir in den ersten Tagen des ersten Schuljahr den Kindern niemals Fibeln in die Hand drücken, niemals Arbeitsblätter in die Hand drücken, wo drin steht, wie sie zu arbeiten haben. Sondern wir fragen sie umgekehrt: ‚Warum bist Du hier? Was willst Du machen? Und so lernen die erst in Schule nach ihren eigenen Vorstellungen zu arbeiten."[111]

Ein doppelter Paradigmenwechsel

Der erste Paradigmenwechsel in Bezug auf den Offenen Unterricht ist *nicht* die Klärung der Frage, wie offen ein Unterricht im Blick auf die von Peschel benannten Dimensionen ist.

Aber: Allein schon die Einführung der Dimensionen und Bestimmungsraster ist ein Wendepunkt in der wissenschaftlichen Diskussion um den offenen Unterricht. Mit den Dimensionen und Bestimmungsrastern ist es möglich, für jeden Unterricht qualitativ festzulegen, ich welchen Dimensionen überhaupt eine Öffnung vorliegt und dann auch noch zu quantifizieren, wie weit die Öffnung geht.

Damit ist eine Grundlage geschaffen, die zwar keine neue - weitere und abschließende - Definition ist, wie sie sich Eiko Jürgens wünscht, aber es dennoch ermöglicht, eine vorgelegte Konzeption offenen Unterrichts genau zu klassifizieren. Die bisherige missliche Situation des offenen Unterrichts, sich vom

---
111 Hövel, Walter, Transkript einer Sendung des WDR 5

lehrerzentrierten Unterricht schon alleine dadurch abzusetzen, dass er in irgendeinem Punkt von der strikten Lehrerzentrierung abweiche, ist mit dem Ansatz von Falko Peschel überwunden. Offener Unterricht ist kein Slogan mehr. Er kann nicht mehr als solcher benutzt werden, weil jeder Vorschlag für einen wie auch immer gearteten offenen Unterricht mit diesem Bestimmungsraster eindeutig verortet werden kann.[112] *Offen* ist kein inhaltsloser Begriff mehr, sondern kann in fünf Dimensionen in jeweils sechs Stufen skaliert werden: ‚Offen' in welcher Hinsicht (in welcher Dimension) und ‚offen' bis zu welcher Stufe.

Diese Veränderung in der Diskussion um den offenen Unterricht erzwingt einen ganz anderen Blickwinkel auf jeden Unterricht, der für sich in Anspruch nimmt, offen zu sein.

Der zweite Paradigmenwechsel liegt in der radikalen Veränderung der Mitte des traditionellen Unterrichts: Es steht nicht mehr der Lehrplan und damit die Frage ‚Was wird wie vermittelt?' im Zentrum, sondern die SchülerIn mit ihrer ganz individuellen Lebenswelt und ihrem ebenso ganz individuellen Interesse, sich diese Lebenswelt zu erklären, Sinn in diese Lebenswelt zu bringen.

Peschel macht das in einem Vortrag deutlich:

Es gehe in der Regelschule nicht um einen Austausch zwischen den Kindern über ihre Lernstrategien, sondern um Aufgabenformate: ‚Wo soll ich denn da was hinschreiben' (≈ Vorsagen) und nicht: 'Hör mal, ich mach das so - wie machst Du das denn?'.

Er moniert ebenfalls, dass in Wochenplänen zumeist rein reproduktive Aufgaben bearbeitet werden: Es gäbe eine Technik, die gezeigt worden ist und die nun geübt werde. Der Wochenplan

---

[112] Auf der Internetseite http://offener-unterricht.net sind verschiedene Beispiele für solche Verortungen nachzulesen, so z.B. Susanne Lin Klinzig (Hrsg.) Offener Unterricht - Fächerbeispiele für das Gymnasium
http://offener-unterricht.net/ou/start-offu.php?action=litbeispiele   Aufruf   vom 17.11.2011, 9:43

orientiere sich nicht an den Kindern sondern am Lehrplan, differenziert wird quantitativ: stärkere Schüler bekommen mehr oder schwierigere, schwächere Schüler bekommen weniger oder leichtere Aufgaben, aber immer darauf bezogen, was gerade nach dem Lehrplan durchgenommen wird. Der Bandbreite an kognitiver Entwicklung von zwei bis drei Jahren, an Lernbedürfnissen oder Lernvoraussetzungen in einer Klasse würde dagegen keine bzw. kaum Rechnung getragen.[113]

Das beschreibt genau das Prinzip von Schule: Im Lehrplan wird festgeschrieben was gelernt werden soll. Da ja ganz verschiedene Kinder in einer Klasse sitzen entsteht das Problem, dass in Bezug auf diesen Lehrplan manche Kinder schon weiter sind, sich schon mit diesem Lerngegenstand irgendwie auseinandergesetzt haben, andere Kinder dagegen noch gar nicht. ‚Irgendwie' bedeutet dabei, dass es in der Lebenswelt dieser Kinder Anknüpfungspunkte für diesen Lerngegenstand gibt.

So ein Lerngegenstand kann aber auch gänzlich fremd für ein Kind sein. Es kann dann sehr schwierig für ein Kind sein, ihn in seiner Lebenswelt einzubauen. In der Regelschule gerät das zu einem (Lern-)Vorteil, bzw. zu einem (Lern-)Nachteil, weil das Lernen aller Kinder der Klasse in Bezug auf diesen Lerngegenstand verglichen und benotet wird.

Unterricht muss zwangsläufig von den Kindern ausgehen, die noch nichts über den Lerngegenstand wissen. Sie sollen ja auch die Möglichkeit haben, den vorgestellten Lerngegenstand ‚richtig', d.h. systematisch kennenzulernen. Oder der Unterricht orientiert sich am mittleren Kenntnisstand der Klasse, d.h. er muss auch ‚Futter' für die anbieten, die schon weiter sind. Weil ja alles im Lerngleichschritt geschieht, verschärft sich auf diese Weise ganz automatisch der Unterschied zwischen den SchülerInnen die einen Gegenstand ganz neu lernen und denen, die schon ‚irgendeine' Beziehung zu diesem haben. Es wird aber nur der

---
113 Peschel, Falko (²2006): Vortrag über Offenen Unterricht, Teil 2

tatsächlich bestehende Wissensstand an einem bestimmten Zeitpunkt bewertet - nicht das, was ein Kind hinzugelernt hat.

Weiter verschärft wird diese Situation dadurch, weil keine Rücksicht darauf genommen wird, ob ein Kind auch gerade in der Lage ist, frei und unbeschwert zu lernen. Im Fall Fedor, einem bosnischen Kind, dessen Eltern nach Deutschland geflohen sind, erfolgt die Verlängerung der Aufenthaltsgenehmigung nur in kleinen überschaubaren Zeiträumen. Die Familie ist daher unsicher, wann die Rückführung erfolgen wird. In die Zeit dieser Unsicherheit fällt auch die drastische Veränderung von Fedors Arbeitsverhalten. Falko Peschel folgert, es könne sein, „dass Zusammenhänge zwischen dieser persönlichen Unsicherheit und Fedors Lern- und Leistungsmotivation vorhanden sind."[114]

Auch die innere Einstellung eines Kindes zu einem Lerngegenstand wird ignoriert. Es wird zwar zwischen ex- und intrinsischer Motivation unterschieden und der besondere Wert der intrinsischen Einstellung eines Kindes zum Lerngegenstand hervorgehoben. Die Reihenfolge der Lerngegenstände im Lehrplan nimmt aber auf diese innere Einstellung eines Kindes keine Rücksicht.

Falko Peschels Ansatz stülpt dieses Vorgehen um. Er gibt die vorgeschriebene Reihenfolge des Lehrplans auf und stellt das, was das Kind lernen möchte in den Vordergrund. Damit hat jedes Kind einen freien Zugang, egal ob es nun zu seinem selbst gewählten Lerngegenstand schon ‚irgendwie' eine Beziehung hat und Verknüpfungen herstellen, Theorien und Hypothesen aufstellen und überprüfen kann oder ob es noch gar keine Beziehung zu diesem selbst gewählten Lerngegenstand hat. Auf jeden Fall gilt: Sein Lernen weitet also seine Lebenswelt dort aus, wo das Kind bereit ist, auf Entdeckungsreise zu gehen, in Neuland vorzustoßen. Es fordert keine Einrichtung von Wissenslandschaften jenseits seiner Lebenswelt, ohne starke und vielfältige Verbindungen zu ihr.

---
114 Peschel (²2006), S. 668

Falko Peschels Ansatz gibt den Lerngleichschritt genau so auf wie den Leistungsvergleich und die daran gekoppelte Benotung. Die beschriebenen Bedingungen für ein selbständiges Lernen an selbst gewählten Lerngegenständen gelten ja für jedes einzelne Kind. Es macht daher wirklich keinen Sinn (Walter Hövel), weiterhin einen Lerngleichschritt durchzuführen. Wenn für jedes Kind das Recht auf sein eigenes Lernen an den von ihm selbst gewählten Lerngegenständen gelten soll, dann kann es kein Arbeiten an gleichen Aufgaben mehr geben. Ebenso ist es dann nicht mehr möglich, vergleichend festzustellen, welche Kinder diese Aufgaben besser lösen können als andere. Das bedeutet, dass die Konkurrenz die beim Gleichschritt-Lernen zwangsläufig entsteht, aufgehoben ist. Kinder können entsprechend ihrer ‚kognitiven Entwicklung, entsprechend ihren Lernbedürfnissen und Lernvoraussetzungen' arbeiten, d.h. lernen. Egal, ob sie dem Stoff einer vergleichbaren Regelschulklasse voraus oder hinterher sind. Diese Einordnung spielt keine Rolle mehr und Falko Peschel beschreibt mehrfach Kinder, die gerade diese Freiheit für sich nutzen und z.B. Lernrückstände in kurzer Zeit aufholen.

Falko Peschel verwirft damit auch ein Credo, welches LehrerInnen immer noch dazu dient, sich darüber zu beklagen, die ‚falschen SchülerInnen' zu haben: Ihre Klassen seien nicht ‚homogen' genug zusammengesetzt. Georg Feuser hat die Kritik an diesem Konzept auf den Punkt gebracht:

> „Dass wir heute von ‚Unterricht in heterogenen Klassen' sprechen, ist im Grunde lachhaft, denn wie immer wir einen kategorial geordneten und geschichteten Katalog der Merkmale erstellen, die wir an Schülern beobachten können, hat es noch nie in der Menschheitsgeschichte eine nicht heterogene Lerngemeinschaft oder Schulklasse gegeben und es wird sie nie geben können. Schlussendlich ist jeder Mensch ein einmaliges und unverwechselbares Individuum - und dieses lernt"[115]

---

[115] Feuser, Georg; in Aregger (2008), S. 153

Das „Dogma der Homogenität von Lerngruppen"[116] hat die Individualität der Lernenden ‚geradezu versklavt'.[117] Solange diese Individualität nicht auch jede denkbare Behinderung einschließe, muss Integration als bewusste Verhinderung von Ausgrenzungsprozessen in der Praxis scheitern.[118]

Die OECD-Studien wie PISA und IGLU haben gezeigt, das die angeblich ‚homogenen' Lerngruppen weder an der Realschule noch am Gymnasium und auch nicht an der Hauptschule bestehen.

Die „meritokratische Leitfigur"[119], so wird von Heike Solga herausgearbeitet, ist maßgeblich für „das institutionelle Handeln von Bildungsakteuren"[120] und trägt so zur „sozialen Ungleichheit über einen Bezug auf ‚natürliche' Erklärungen individueller Leistungsunterschiede zur Legitimation sozial ungleicher Bildungschancen bei."[121] Der Schulerfolg in der modernen Schule bedingt die Mitarbeit der Eltern um diesen Schulerfolg sicherzustellen und sorgt auf diese Weise dafür, dass die

> „Kinder statushöherer Schichten eine höhere Wahrscheinlichkeit haben, höhere Bildungszertifikate zu erwerben - auch wenn sie [*die Schule, Einfügung JG*] als demokratische Institution nicht garantieren kann, dass alle Kinder statushöherer Herkunft das zum Statuserhalt notwendige Bildungszertifikat erlangen [...]. Bildungszertifikate und die damit verbunden Bildungslaufbahnen (und nicht Bildung an sich) [*können, Einfügung von JG.*] als eine Form der sozialer Schließung [*gewertet werden, Einfügung JG*] , die die Angehörigen der höheren sozialen Schichten dabei unterstützt, ihren sozialen Status an ihre Kinder zu vererben."[122]

---

116 Ebenda, S. 154
117 Vgl. ebenda, S. 154
118 Vgl. ebenda, S. 154
119 Solga, Heike; in: Berger (2005): S. 21
120 Ebenda
121 Ebenda
122 Ebenda

Und die Kinder - was haben die davon?

Sie sind frei davon, etwas machen zu müssen, was vorgegeben ist. Wird das Wörtchen ‚frei' nicht mehr bewusst mit der Pflicht verkoppelt, vorgegebene Aufgaben dann zu erledigen, wenn Zeit dafür vorhanden ist, können SchülerInnen an eigenen Fragen - unabhängig von einem vorhandenen Stoffplan - arbeiten.

Es lässt sich feststellen, dass SchülerInnen dieser Freiheit einen ganz anderen Stellenwert zumessen - die Fehler finden sich in den Originalen:

„Das freiearbeiten und das Arbeiten am Computer fand ich auch toll.

Eigene meinungen konnte man auch sagen probleme wurden gelöst und meistens sogar ohne hilfe von Peschel. Ich fand es toll das wir die Regeln selber erfinden konnten.' Am Schwierigsten fand Bodo es ‚... sich zum Arbeiten zu zwingen', am besten ‚Das Freiarbeiten'. Er würde die Klasse jederzeit wieder besuchen: ‚Weil es gut war und Spass gemacht hat'. Er hat sich immer wohlgefühlt: ‚Weil die Kinder selber entscheiden können was sie machen wollen. Weil der Lehrer nett ist. Weil es auch immer wieder spaß gemacht hat in die Schule zu können'.[123] [Bodo]

Lars hat sich in seiner Klasse wohlgefühlt, „weil man so fiele Freunde hat und der Lehrer einem nicht alles vorbrabbelt. ... Ich fand besonders gut das wir sofiele Klassenfahrten gemacht haben und das wir nicht die ganze Zeit vor der Tafel gelernt haben, denn so etwas finde ich total langweilich und es macht mir auch keinen Spaß. Aber am besten fand ich das du uns selbst entscheiden lassen hast." [Lars][124]

„Ich fand gut, das du uns nicht zum Lesen gezwungen hast. Freie Arbeiten fand ich gut und dann fand ich noch gut dass du uns Hefte und

---

123 Peschel, Falko (^{2}2006), (Bodo) S. 391
124 Ebenda, (Lars) S. 407f

Bücher zum Lernen gegeben hast so wie Schreibhefte und Mathematikhefte und selbst Geschichten Hefte." [Natalie][125]

„Ich fand cool das wir in allen Jahren frei Arbeiten konnten. Wir haben viel gelehrnt. Obwohl wir anders als andere gelehrnt haben." [Pia][126]

„Gut fand ich das wir die meisten Sachen erleine geregelt haben. Ich würde weiter empfehlen das die Kinder sich alles selber beibringen das macht viel mehr Spaß." [Sabine][127]

Neben den Kindern, die den Freiraum nutzen, den der Offene Unterricht bietet, gibt es auch Kinder, die die Klasse verlassen (müssen) und sich dann in einem ‚normalen' Unterricht wiederfinden:

„Das Kind, [*Die Schülerin Josephina, Einfügung JG*], das sich in kürzester Zeit nach der Einschulung selber den Stoff der ersten und zweiten Klasse beigebracht hat, quält sich nun - nach eigener Aussage - lustlos durch vorgegebene Aufgaben." [Josephina][128] Die Eltern von Josephina zogen in einen Nachbarort um und das Mädchen kam in eine „sehr stark gelenkte Klasse, in der es primär darum ging, den Schulstoff auswendig zu lernen. Josephinas Schul- und Lernmotivation hat rapide abgenommen. Obwohl sie dem Stoff zur Zeit ihres Abgangs bestimmt ein Jahr voraus war, wurde ihr nach der Grundschule nur zum Übergang auf eine Realschule geraten."[129]

Justin lebt mit seiner Mutter und seiner älteren Schwester, „den Verlust seines Vaters hat er bewusst miterlebt und trauert ihm des Öfteren nach."[130] Wenn er im Unterricht an ihn oder seine Familie erinnert wird, kann er in Tränen ausbrechen, er fordert intensive persönliche

---
125 Ebenda, (Nathalie) S. 428
126 Ebenda, (Pia) S. 434
127 Ebenda, (Sabine) S. 437
128 Peschel, Falko (2006), (Josephina) S. 444
129 Ebenda, S. 442ff
130 Ebenda, S. 445

Zuwendung von Lehrer, Hospitanten und anderen Personen. Seine Vorkenntnisse im Schreiben, Lesen und Rechnen sind gering. Es ist sowohl hilfsbereit als auch aggressiv, aber in der Klasse voll integriert. In Bezug auf seine Lernmotivation und sein Lernvermögen ist im ersten Schuljahr eine nur sehr geringe Entwicklung erkennbar. Justin gerät durch den Abstand in Bezug auf seine Leistungen zu den anderen Kindern unter Druck - er soll nach intensiven Gesprächen die Klasse wiederholen. Er kommt in einen „eher reproduktiven bzw. vorstrukturierten Unterricht"[131] und hat trotz Wiederholung am Ende des Schuljahres „wieder einen deutlichen Abstand zu seinen Mitschülern"[132] In der dritten Klasse wird die Lehrerin durch eine „ältere, neu an die Schule gekommene Kollegin"[133] ersetzt, weil die Lehrerin in Mutterschutz geht. „Ab dieser Zeit sieht man Justin einen Großteil seiner Schulzeit alleine vor der Tür sitzen. Entgegen der Absprache mit dem ehemaligen Klassenlehrer [Falko Peschel, Einfügung JG], der Justin sein normales schulisches Umfeld erhalten wollte, wird das Verfahren zur Feststellung des sonderpädagogischen Förderbedarfs fortgesetzt."[134] Justin wird zwar bescheinigt, dass er im Rahmen seiner Möglichkeiten Fortschritte macht und dass ihm der Aufenthalt der Klasse mit Offenem Unterricht emotional gut bekommen ist. Justin wird trotzdem an eine Schule für Lernbehinderte versetzt. Falko Peschel schreibt dazu: „Welche Unterrichtsform Justin am ehesten gerecht wird, ist schwer zu beurteilen. Im Offenen Unterricht hatte Justin zwar keinen konkreten Leistungsdruck durch direkte Vergleichsmöglichkeiten mit seinen Klassenkameraden, aber auch hier ist der Abstand zum Durchschnitt der Klasse schließlich unübersehbar. [...] Aber auch die Wegnahme dieses Drucks, der durch die Wiederholung des zweiten Schuljahres erfolgt, bringt keine langfristige Änderung. Auch in diesem [gelenkten, Einfügung JG] Unterricht stellt sich das Phänomen wieder ein."[135] Es

---

131 Ebenda, S. 448
132 Ebenda, aus dem Gutachten der neuen Lehrerin von Falko Peschel zitiert
133 Ebenda
134 Peschel, Falko (2006), S. S 449
135 Peschel, Falko (2006), S. 450

müsste erst an den oben beschriebenen grundlegenden familiär bedingten Bedürfnissen von Justin gearbeitet werden, bevor dieser wieder frei genug ist, sich auch auf andere Dinge einzulassen. [Justin] [136]

Manche Kindern werden erst dann in Falko Peschels Klasse und damit in den Offenen Unterricht versetzt, wenn sie in der Regelschule als nicht mehr beschulbar gelten.

Björn z.B. kommt aus der Kinderpsychatrie an die Grundschule. Er ist einer der Schüler, die als unbeschulbar an einer Regelschule gelten und der ‚wider Erwarten'[137] eine positive Entwicklung in Falko Peschels Offenem Unterricht nimmt. Parallel mit der Einschulung wird das Sonderschulaufnahmeverfahren in Gang gesetzt. Es ist also gar keine Beschulung an der Regelschule geplant, trotzdem ist er erst in einer ‚normalen' Klasse. Vom Dezember bis zum Abschluss des Verfahrens kommt er in Falko Peschels Klasse, in den Offenen Unterricht, weil er in der ‚normalen' Klasse jede Mitarbeit verweigert. Björn beschäftigt sich zunächst kaum mit Schulsachen und blockt alles ab, was nach Schule aussieht. Er ist aber mit den demokratischen Strukturen in der neuen Klasse zufrieden. In der zweiten Woche nach den Weihnachtsferien ‚arbeitet' Björn zum ersten Mal am Computer: Er schreibt (lautgetreu verschriftet) eine Geschichte über das Karnevalsthema Vampire.

Björn bekommt am Ende der Grundschulzeit von der Klassenkonferenz eine Empfehlung für das Gymnasium oder Gesamtschule. „Björn erscheint als ziemlich intelligenter Schüler, der den Grundschulstoff ohne großen Übungsaufwand beherrscht. ... Björn kann völlig selbständig auf hohem Niveau arbeiten, bei vorgegebenen Aufgaben erscheinen allerdings Erwachsene notwendig, um ihn entsprechend zur Erledigung anzuhalten. ... Er hat eine hervorragende Ausdrucksfähigkeit, die er mündlich und schriftlich anwenden kann. ... Björns Beno-

---
136 Ebenda, S. 444ff
137 Vgl. ebenda, S. 772

tung liegt im Bereich Sprache bei 1,3; in Mathematik und Musik bei 2, Im Sachunterricht, in Sport und Kunst bei 3 und in Religion bei 4."138

„Auf dem Gymnasium [...] hat sich Björn nicht in der Weise mit dem Frontalunterricht anfreunden können wie gehofft, andererseits konnten wohl auch die Lehrer mit Björns Auffassung von sinnvollem Lernen auf Dauer wohl eher weniger anfangen. Mittlerweile ist Björn - trotz seines [...] hohen kognitiven Potentials - auf die Realschule gewechselt und wiederholt dort die sechste Klasse. Es ist zu vermuten, dass die Leistungsmessung - aus Gründen, die im Verhalten Björns, in der Form des Unterrichts oder aber in der Leistungsüberprüfung selbst zu suchen sein können, nicht Björns wirkliche Kompetenz im jeweiligen Bereich erfasst, sondern vor allem sein Arbeitsverhalten zur Bewertungsgrundlage macht. Es scheint eher unwahrscheinlich, dass Björn die Kompetenzen, die er zum Ende des vierten Schuljahres bzw. in seiner ganzen Grundschulzeit inne hatte, in wenigen Monaten verlernt haben kann."139

So gesehen ist Björn ein Opfer der unterschiedlichen Paradigmen, die hier an diesen einen Schüler in unterschiedlichen Unterrichtsformen und Schulen gelegt wurden. Einmal zwar kein einfacher Schüler, aber einer, der aber seinen Weg mit gutem Erfolg macht in der Grundschule im Offenen Unterricht. Zum anderen ein Schüler, der trotz hohem kognitiven Potential nicht am Gymnasium mit traditionellem Unterricht verbleiben kann. Möglicher Weise ist die tatsächliche Begründung sein Arbeitsverhalten, mit dem er im Offenen Unterricht gute Leistungen erzielt hat, die aber im traditionellen lehrerzentriertem Unterricht versagt.

Oder auch die Leistungsmessung, die vergleichende Leistungsmessung selbst. Im Offenen Unterricht wird immer der individuelle Leistungs-

---

138 Peschel, Falko (2006), S. 792
139 Ebenda, S. 810

zuwachs gemessen und auch in den Zeugnissen zurückgemeldet. So hat der Schüler immer eine Rückmeldung darüber, was er alles schon kann, was er dazu gelernt hat - auch darüber, wo er ‚geschlunzt' hat, also hätte mehr erreichen können, wenn er konsequent gelernt hätte. Im traditionellen lehrerzentrierten Unterricht gibt die Leistungsnote Rückmeldung darüber, wie gut oder wie schlecht ein Schüler in Bezug auf seine Mitschüler ist.

Der Paradigmenwechsel durch Falko Peschels Arbeit umfasst also nicht nur die Klärung der Frage, ob und in welchen Dimensionen ein Unterricht wie stark geöffnet worden ist, sondern er verändert vor allem auch die Mitte des traditionellen Unterrichts von seiner Stofforientierung weg zu einer anderen Mitte hin. Zu einer genuin reformpädagogischen Mitte hin, in der das Kind und sein Lernen steht.

Hier ist wieder Platz für Ihre Gedanken, Fragen, für eigene Erfahrungen zum Kapitel Offener Unterricht - ein Paradigmenwechsel?!, für Zustimmung, für Ablehnung, ...

Wenn Sie möchten, können Sie mir das, was sie aufgeschrieben haben, auch zumailen: juergen@goendoer.net

Lernen II

Zusammenfassend kann die traditionelle Sicht von Lernen so charakterisiert werden: Fachlich wird hauptsächlich durch Reproduktion gelernt. Der zu lernende Stoff wird von LehrerInnen in Häppchen aufgeteilt, die den Kindern zum Lernen vorgesetzt werden. Die Auseinandersetzung mit einem so zerstückelten Lehrstoff erfolgt einseitig auf abstrakte und inaktive Weise. Die Vorerfahrungen von SchülerInnen mit Lerngegenständen werden in der Regel komplett vernachlässigt. Die tatsächlich stattfindenden Lernprozesse werden weder zur Kenntnis genommen noch reflektiert. Es findet weder zwischen SchülerInnen und LehrerInnen noch zwischen den SchülerInnen selbst ein Austausch über ihr Lernen statt. Darüber hinaus sind Konkurrenz, fremdgesteuertes Lernen und Frontalunterricht wesentliche Merkmale des traditionellen Lernbegriffs.[140]

Der Lehr-Lern-Kurzschluss

Obwohl immer wieder vor dem Lehr-Lern-Kurzschluss gewarnt wird, scheint die Auffassung tief verwurzelt, dass nur das als gelernt betrachtet werden kann, was eine LehrerIn auch gelehrt hat. Anscheinend gibt es fast nichts schlimmeres für ein Kind, als - aus welchen Gründen auch immer - Unterricht zu versäumen.

---
140 Vgl. Reusser, K. (1995): S. 164-190, und auch in: Mosskopp, Melanie (2008): Überprüfung des Konzepts der MINIPHÄNOMENTA im Hinblick auf Förderung des selbständigen Lernens im naturwissenschaftlichen Sachunterricht, schriftliche Hausarbeit im Rahmen der zweiten Staatsprüfung für das Lehramt an Grund- Haupt- und Realschulen mit dem Schwerpunkt Grundschule, Studienseminar Siegburg, S. 8

Die Veranstaltungen der LehrerIn, die allen Kindern einer Klasse von 8:00 - 8:45 oder auch bis 9:30 den selben Stoff lehrt oder auch diesen auf einem anderen Weg erarbeiten lässt, ist unabdingbare Voraussetzung dafür, dass dieser Stoff dann bei den Kindern als bekannt vorausgesetzt, dass er abgefragt und die Reproduktion des Kindes bewertet werden kann. Einem Aphorismus zum Englischunterricht von Walter Hövel zufolge wird deswegen unterrichtet, damit Klassenarbeiten geschrieben werden können.

Eine ganz andere Erfahrung mit dem Lernen von Kindern beschreibt Reinhard Kahl:

> „Professor Gerd E. Schäfer von der Kölner Universität ist der Projektleiter und einer der wenigen Erziehungswissenschaftler, die sich in Deutschland mit den frühen Jahren beschäftigen. Nach zwei Jahren Beobachtungen in der *Lernwerkstatt Natur* staunt er immer noch, mit welcher Intensität die Kinder bei der Sache sind, zum Beispiel wenn sie sich tagelang am Wasser immer wieder im Schöpfen und Gießen üben. ‚Das müssen sie in hundert Variationen ausprobieren, mit Sieb, ohne Sieb, mit Sand im Sieb, mit Erde im Sieb, mit Blättern im Sieb, mit kleinen Flohkrebsen im Sieb.' Bei diesen scheinbar immer gleichen Übungen sind die Kinder auf der Suche nach neuen Variationen und entwickeln, so Schäfer, ‚eine ungeheure Ausdauer.'
>
> Konzentrationsschwäche konnten die Erziehungswissenschaftler auch bei Kindern nicht finden, die im Kindergarten als konzentrationsschwach gelten. Schäfers Kollege Reinhard Demuth, Professor am Institut für die Pädagogik der Naturwissenschaften in Kiel, kam bei einem Forschercamp mit Grundschülern in den Sommerferien zum gleichen Ergebnis. Die Kinder kamen aus einer Schule im sozialen Brennpunkt. Die Lehrer klagen darüber, dass sich ihre Kinder nicht über eine längere Zeit konzentrieren können. Nichts davon im Sommercamp."[141]

---

141 Kahl, Reinhard (2008), o. Seitenangabe

Dieses Lernen unterscheidet sich vom Lehr-Lernen sprichwörtlich wie der Tag von der Nacht. Der entscheidende Unterschied ist neben dem, dass mit ‚allen Sinnen' gelernt werden kann, dass die Kinder sich selbst für das entschieden haben, was sie lernen. Wäre das Wasserschöpfen eine Aufgabe im regulären Unterricht, wären die hundert Variationen eine Zumutung und die didaktische Reduktion würde auch nur jeweils einen Versuch ansetzen, der dann schriftlich notiert werden müsste. Der traditionelle Unterricht hat gar keine Zeit für diese Obsessionen des spielerischen Lernens. Das Spielerische dieser Tätigkeit liegt ja gerade in dieser vielmaligen Wiederholung aller möglicher Varianten, aus der dann die Kinder - nicht unbedingt sofort hinterher - ihr Wissen ihrer Lebenswelt konstruieren.

Dazu kommt noch, dass nebenbei nicht nur das Wasserschöpfen mit und ohne Sieb gelernt wird, sondern vom Kind auch noch ungezählte weitere Lernerfahrungen gemacht werden, z.B. die eigenen Bewegungsabläufe betreffend, Tiere und Blätter betreffend, die Wassertemperatur betreffend, ... Damit werden neue Verknüpfungspunkte geschaffen, die bei anderen Lernerfahrungen helfen können, Neues mit Bekanntem zu verbinden.

Montessori nannte diese Phasen: ‚Polarisierte Aufmerksamkeit'. Gemeint war damit, dass ein Kind ganz und gar in einer Tätigkeit versunken war. Es war ihr selbstverständlich, dass Kinder in diesen Phasen nicht gestört werden durften. Besonders fiel ihr auf, dass die Kinder aus solchen Phasen „erfrischt und ausgeruht, voll Lebenskraft und mit dem Gesichtsausdruck von Menschen hervor [gingen, *Einfügung JG*], die eine große Freude erlebt haben."[142]

Unterricht heute müsste überhaupt erst die Zeit für so ein Eintauchen in eine solche Phase polarisierter Aufmerksamkeit zur Verfügung stellen. Der gleichschrittige lehrerzentrierte

---
[142] Montessori, Maria (1952, 2009): S. 167f

Unterricht kennt solche Phasen gar nicht und hat sie auch planungsmäßig gar nicht vorgesehen. Der Offene Unterricht, der das Lernen den Kindern überlässt und ihnen damit auch die Zeit zugesteht, ihrem eigenen Lerntempo zu folgen, gesteht den Kindern zu, eigene Gedanken in Ruhe durchzuarbeiten, auch tatsächlich über die Zeit zu verfügen, die sie für so ein Vorhaben brauchen. Ob nun Kinder heute - 2013 - noch so reagieren wie es Montessori 1950 beschrieben hat, mag offen bleiben.

Gehirnforschung

In Bezug auf des Lernen dürfte sich wenig verändert haben. Manfred Spitzer schreibt:

> „Die Flügel des Albatros und die Flossen des Wales sind an die Eigenschaften von Luft und Wasser wie Dichte und Viskosität optimal angepasst. So ist auch unser Gehirn für das Lernen optimiert. Es lernt also nicht irgendwie und mehr schlecht als recht, sondern *kann nichts besser und tut nichts lieber!* Wer mit Blick auf Schule an dieser Stelle skeptisch reagiert, der lese einfach weiter. Für den ist dieses Buch geschrieben.
>
> Lernen ist buchstäblich kinderleicht. Der Säugling kann nach wenigen hundert Tagen greifen, singen und kommunizieren. Lernen mach uns in aller Regel keine Probleme."[143]
>
> „Wenn man irgendeine Aktivität nennen sollte, für die der Mensch optimiert ist, so wie der Albatros zum Fliegen oder der Gepard zum Rennen, dann ist es beim Menschen das Lernen. Unsere Gehirne sind äußerst effektive *Informationsstaubsauger*, die gar nicht anders kön-

---
143 Spitzer, Manfred (2007): S. 14, Hervorhebungen: M. Spitzer

nen, als alles Wichtige um uns herum in sich aufzunehmen und auf effektivste Weise zu verarbeiten.

Dass wir Menschen wirklich zum Lernen geboren sind, beweisen alle Babies. Sie können es am besten, sie sind dafür gemacht; und wir hatten noch keine Chance, es ihnen abzugewöhnen.

Es ist ein weit verbreiteter Unfug zu glauben, man könnte (oder noch schlimmer: sollte) seine Zeit einteilen in Perioden des Lernens und Perioden der Freizeit. Hier spielt uns das Gehirn ganz einfach einen Streich. Es lernt sowieso immer! Wenn wir dennoch glauben, uns so verhalten zu können, geschieht einfach nur folgendes: Wir legen fest, *was* wir lernen - zum einen, mit wenig Spaß und ganz wenig Effektivität, bestimmte Inhalte, die uns ohne dass wir darüber nachdenken in der Peergroup, am Computerspiel, im Fitnesscenter, vor dem Fernseher oder im Einkaufszentrum widerfahren. Wer glaubt, er würde an den genannten Orten und bei den entsprechenden Aktivitäten nicht lernen, der irrt: *Unser Gehirn lernt immer.*" [144]

Gehirnforschung und Offener Unterricht

Der Offene Unterricht lässt jedenfalls einen Blick auf das Lernen der Kinder von heute zu. Dieses wird hier vor allem deshalb sichtbar, weil die Kinder - nicht von einem Zeit- oder Stoffplan eingeschränkt - sich frei entfalten können:
Andrea schließt die Grundschule mit einem Schnitt von 2,1 ab und wechselt auf ein naturwissenschaftlich orientiertes Gymnasium. Dort kann sie ihren Notenschnitt halten. Sie schreibt

---
144 Ebenda, S. 10f, Hervorhebungen: M. Spitzer

von sich, dass sie viel lernen möchte, weil sie schlau und nicht doof sein will. Was ihr wichtig war: „Die freiere Interaktion der Kinder untereinander war beim Lernen und zur eigenen Einschätzung eine große Hilfe."[145] Andrea hat auch Phasen, in denen sie einfach keine Lust zum Lernen hatte. Der Offene Unterricht kann damit ohne Probleme umgehen und Andrea diese Phasen zugestehen. [Andrea][146]

Aus der Sicht von Manfred Spitzer, also aus neurologischer Sicht, ist diese Aussage von Falko Peschel falsch. Andrea hat keine Lust etwas zu tun, was Falko Peschel als Lernen betrachtet. Trotz aller Offenheit erliegt vielleicht auch Falko Peschel dem Tunnelblick der Lehrer: Wichtig sind besonders die Lernziele der Schule. Nimmt man Manfred Spitzer ernst, dann ist Andrea tatsächlich nicht mit Lernen im traditionellen Sinn beschäftigt, sondern hat stattdessen offensichtlich ganz andere Lernbedürfnisse. Diese werden allerdings auch in dem sehr offenen Rahmen des Unterrichts im Sinne Falko Peschels nicht nur nicht gesehen, sondern auch noch abgewertet: ‚Sie hat einfach keine Lust zum Lernen'. Glücklicher Weise ist das im Offenen Unterricht folgenlos, weil den Kindern zugestanden wird, auch solche Phasen zu haben. Im traditionellen Unterricht führen solche Phasen in der Regel massiv zur Abwertung der Lernenden bis hin zur Ausgrenzung aus der Lerngruppe. Nur: nach Spitzer sind solche Phasen keine Phasen, in denen jemand ‚einfach keine Lust zum Lernen hat', sondern Phasen, in denen dieser jemand nur etwas anderes lernt als das, was eigentlich vorgesehen und erwartet wird. Im traditionellen Unterricht wird zwar an dem gelernt, was gelernt werden soll, aber weder vertieft, noch effektiv, noch nachhaltig.

Da es keine Theorie dafür gibt, was Lernen nun eigentlich ist und wie es genau funktioniert, kann die Aussage: ‚Sie hat einfach

---

145 Peschel, Falko (^{2}2006), (Andrea), S. 383
146 Peschel, Falko (^{2}2006), S. 381-384 (Andrea)

keine Lust zum Lernen' nicht nur nicht getroffen werden, sie ist vielleicht auch grundfalsch. In diesen Phasen lernt Andrea offensichtlich Dinge, die aus der Sicht des Offenen Unterrichts und geschweige denn aus der Sicht des traditionellen Unterrichts nicht bemerkt und auch gar nicht zur Kenntnis genommen werden. Es kann bisher auch gar nicht beurteilt werden, ob und wie dieses Aktivität des Gehirns, die nach Spitzer ‚Lernen' ist - von Falko Peschel als ‚Hat einfach keine Lust zum Lernen' eingestuft wird, für Andrea von welcher Wichtigkeit ist.

„Bettina lernt sehr schnell und problemlos [...] aus Spaß an der Sache [...]. Entsprechend interessengeleitet ist ihr Lernen, wenn sie - meist alleine oder mit ihrer Freundin zusammen - wochenlang oder sogar monatelang an einem Projekt bzw. bei einer Arbeitsform (z.B. Geschichtenschreiben oder Comiczeichnen) ausharren kann."[147] Pausen und Entspannungsphasen regelt sie selbst. Störend für sie sind Unterbrechungen für gemeinsame Treffen und sie bittet hin und wieder die verantwortlichen Kinder darum, einfach weiter arbeiten zu dürfen. Auch zu Hause denkt sie sich mit ihrem Vater neue Sachen aus - dabei geht es offensichtlich um kreatives Tun oder gemeinsames Spielen. Im dritten Schuljahr gibt sie aus eigener Entscheidung auf, viel alleine zu arbeiten und will „Mehr sachen mitmachen, die andere machen."[148] Was gar nicht Lernziel von Schule ist, sie lernt auch unabhängig von Freundinnen oder Mutter ihren Lerninteressen zu folgen. [Bettina][149]

Auch bei Bettina treten solche untypischen Lernphasen auf: Sie ist wochen- manchmal monatelang damit beschäftigt, Geschichten zu schreiben oder Comics zu zeichnen. Auch hier hat diese Beschreibung des Lernens einen negativen Beigeschmack: Ihr Lernen ist stark interessengeleitet, d.h. es <u>orientiert sich nicht</u> an einer irgendwie und irgendwo festgelegten

---
147 Peschel, Falko: (²2006), S. 385
148 Ebenda, (Bettina) S. 386, Rechtschreibung so im Original
149 Ebenda, S. 384-387 (Bettina)

Norm. Auch hier ist es wieder das Konzept des Offenen Unterrichts, das diese Art und Weise des Lernens akzeptiert und nicht sanktioniert. Traditioneller Unterricht und die traditionelle Auffassung von Lernen kann mit solchen Lernphasen gar nicht umgehen. Falko Peschel merkt an: Bettina erreicht für sich, ihren Lerninteressen unabhängig von Freundinnen oder von ihrer Mutter zu folgen. Er ergänzt ausdrücklich, dieses sei gar nicht Lernziel der Schule. So wird deutlich, dass Offener Unterricht auch Lernräume zur Verfügung stellt, die es SchülerInnen ermöglichen sich eigene, ganz individuelle Lernziele zu setzen und ihnen nachzugehen.

Möglicherweise werden solche Lernziele im traditionellen Unterricht regelrecht verschüttet. Haben sie unter den Bedingungen des regulären Unterrichts überhaupt einen Raum sich zu entfalten, eine Chance wahrgenommen zu werden - von Lehrern oder von Schülern? Und wenn sie sich doch einen Weg bahnen, ist zumindest fraglich, ob und wie sie sich in einer Umgebung, die sich in der Wichtigkeit der Lernziele für Deutsch/Mathe/Englisch erschöpft, entwickeln können.

Bei Lars[150] ist von Lernen nur indirekt die Rede. Falko Peschel bescheinigt ihm eine stark interessengeleitete Haltung, die ihm ermöglicht ein enorm großes und detailliertes Sachwissen aufzubauen.[151] Lars könne sich ganz und gar auf eine Sache zu konzentrieren und dabei die Umwelt total ignorieren, was manchmal nicht unproblematisch sei. Lars könne andere Kinder für seine Interessen begeistern, aber er achte dabei meist zu wenig auf die Interessen dieser anderen Schüler. Konflikte löse er meist handgreiflich.

Falko Peschel beschreibt, dass sich das Verhalten von Lars in Bezug auf seine Mitschüler positiv verändert. In dem Maße, wie es um das Lernen an weiterführenden Schulen geht, also

---
150 Peschel, Falko (²2006): S. 404-409 (Lars)
151 Ebenda, S. 404

darum, „bestimmte Leistungen und ein bestimmtes vom individuellen Inhalt und seinem Sinn für den Lernenden unabhängiges Arbeitsverhalten" zu erlernen, sieht Falko Peschel jedoch Probleme. Damit wird auch hier wieder deutlich, dass das individuelle Lernen stark an individuelle Sinnhaftigkeit geknüpft ist, dass aber die traditionelle Schule ein Lernen erwartet, das auch ohne diese individuelle Sinnhaftigkeit funktioniert. Dass Lars mit seiner Strategie großes und detailliertes Sachwissen erworben hat, wird nicht berücksichtigt. Falko Peschel bemerkt: „Insgesamt lernt Lars schnell und problemlos. [...] Es ist allerdings auf Grund der Aussagen von Fachlehrern anzunehmen, dass er in einem Unterrichtskonzept, das ihm keine Möglichkeit zur Selbstregulierung bzw. zum interessengeleiteten Lernen gegeben hätte, eher als renitent oder u.U. sogar als nicht an der Regelschule beschulbar aufgefallen wäre."[152] Es ist also das Konzept des Offenen Unterrichts, welches Lars ermöglicht, mit seinem ‚Informationsstaubsauger' unbehindert Informationen aufzunehmen und effektiv zu verarbeiten. Die Korrekturen, die Falko Peschel anbringt, melden Lars zurück, dass sein Weg nicht falsch ist, aber im Blick auf die anderen SchülerInnen der Klasse verändert werden sollte. Falko Peschel greift also nicht oder nur wenig in die Art und Weise ein, wie das Gehirn von Lars arbeitet. Er gibt Rückmeldungen und überlässt es Lars, bzw. dem Gehirn von Lars, ob und wie es auf diese Rückmeldungen reagiert. Die Bemerkungen von Falko Peschel über den vermuteten Weg von Lars in der Regelschule (Äußerungen der Fachlehrer in der Klasse) zeigen, dass es dort Lars verwehrt würde, einfach seinen momentanen Lerninteressen nachzugehen. Er müsste sich an das dort vorgegebene Lernverhalten anpassen und das lernen, was gerade dran ist. Falko Peschel lässt es auch nicht an Deutlichkeit fehlen: Diese andere Art des Lernens würde möglicherweise dazu

---

152 Peschel, Falko (^{2}2006), S. 404f

führen, dass Lars als ‚in der Regelschule nicht beschulbar' gelten würde. Dies bestätigt sich nach dem Wechsel von Lars ans Gymnasium: Lars wird zeitweise medikamentös behandelt.[153] Nur weil Lars anders, aber doch recht erfolgreich lernt, muss er nicht nur eine schlechtere Bewertung hinnehmen - er sinkt von 2 auf 3 - sondern auch einen schweren Eingriff in seine körperliche Unversehrtheit erdulden.

---

153 Ebenda, S. 407

Hier ist wieder Platz für Ihre Gedanken, Fragen, für eigene Erfahrungen zum Kapitel Lernen II, für Zustimmung, für Ablehnung, ...

Wenn Sie möchten, können Sie mir das, was sie aufgeschrieben haben, auch zumailen: juergen@goendoer.net

Offener Unterricht und Lernerfolg der SchülerInnen

Offener Unterricht hat wie jede Alternative zu dem Geschehen an der Regelschule das nicht unerhebliche Problem nachweisen zu müssen, dass auch seine SchülerInnen Lernerfolge erzielen, die denen in der Regelschule nicht nachstehen.

Der offene Unterricht, wie er seit den 70er Jahren diskutiert wird, hat zwei besondere Probleme:

1. gibt es reihenweise Untersuchungen, die dem offenen Unterricht streitig machen, dass ein Konzept jenseits einer rigorosen Lehrerzentrierung zumindest fachlich gesehen schlechtere Ergebnisse erzielt - und
2. das ein offener Unterricht die SchülerInnen, namentlich schwache SchülerInnen, hoffnungslos überfordere.

Nun hat Hans Brügelmann geltend gemacht, dass diese Kritik auf tönernen Füßen steht. In Bezug auf die angeblich schlechteren Leistungen des offenen Unterrichts konnte er darlegen, dass die wissenschaftlichen Vergleiche - bildlich gesprochen - Äpfel gegen Birnen aufrechneten. Natürlich waren Birnen immer die schlechteren Äpfel.

Obendrein konnte gezeigt werden, dass der offene Unterricht, der mit lehrerzentriertem Unterricht verglichen wurde in Wirklichkeit gar kein Offener Unterricht war, sondern nur ein mehr oder weniger geöffneter Teil des gesamten Unterrichtsgeschehens, welches nach wie vor lehrerzentriert ablief.

Falko Peschel beschreibt das so:

> „Gemeinsames Merkmal ist also der Verzicht auf Frontalunterricht zugunsten mehr oder weniger differenzierter ‚Material-Lehrgänge'. Die Offenheit beschränkt sich also primär auf die Freigabe der organisatorischen Bedingungen: Ich kann als Kind auswählen, mit welcher

> Arbeit ich anfangen will, kann mir meine Zeit selbst einteilen und oft auch noch den Lernort und Lernpartner frei aussuchen. Die Inhalte können zwar bei den meisten Arbeitsformen in der konkreten Arbeitssituation dann ‚frei gewählt' werden, stammen aber durchweg doch aus einer klar vom Lehrer vorgegebenen Auswahl Diese kann - wie z.B. oft bei der Freien Arbeit - der gesamte Arbeitsmittelfundus der Klasse sein oder aber eingeschränkter nur die vom Lehrer vorbereiteten Stations-, Werkstatt- oder Projektangebote bis hin zu den in einem Wochenplan ganz konkret vorgegebenen Aufgaben. Dabei bleiben die Aufgaben selbst im Prinzip die gleichen wie beim Frontalunterricht - durch einen spielerischen Zugang oft etwas bunter verpackt oder durch eigene bzw. zusätzlich kopierte Arbeitsblätter und -materialien aufgelockert, aber im Grunde dieselben Lehrgangsübungen wie vorher."[154]

Falko Peschel bemängelt vor allem, dass geöffnete Unterrichtsformen ehr als Bonbon verwendet werden, um den sonstigen Schulalltag aufzulockern.

Projektwochen werden nicht selten in die Zeit vor Ferienbeginn gelegt, damit der normale Unterrichtsbetrieb nicht zu sehr gestört wird.

> „Die eigentlichen Ziele (Demokratie, Erwerb methodischer und inhaltlicher Kompetenz durch eigene bzw. gemeinsame Problemlösung einer Ernstsituation etc.) werden meist weder beabsichtigt noch verfolgt. Die Handlungsbefähigung wird reduziert auf tätigkeitsintensive Beschäftigungen."[155]

Die erste Längsschnittuntersuchung, die für tatsächlich Offenen Unterricht über einen Zeitraum von 4 Jahren erhoben worden ist, ist in der Dissertation von Falko Peschel veröffentlicht worden. Diese Untersuchung ist „auf Grund der fehlenden

---
154 Peschel, (²2006): S. 13f
155 Ebenda, S. 41

Zufallsauswahl **nicht repräsentativ**"[156]. Falko Peschel hat aber durch eine Reihe von Maßnahmen, z.B. ausführliche Beschreibung des Unterrichts an Hand seines Konzepts, regelmäßige Querschnittsuntersuchungen zur Entwicklung der SchülerInnen, eine Fallstudiensammlung über die Entwicklung aller Kinder, mehrere Einzelfallstudien über Kinder mit schwachen Leistungen sowie Einzelfallstudien über Kinder, die sich wider Erwarten erfolgreich im Offenen Unterricht entwickelt haben und die Verwendung von standardisierten Messinstrumenten zur Leistungsmessung es ermöglicht, die Übertragbarkeit der Ergebnisse nicht nur via Generalisierung vorzunehmen.[157]

Hans Brügelmann, der Falko Peschel mit dieser Arbeit promoviert hat, bescheinigt ihr, sie sei international einzigartig. „Zum ersten Mal wird Offener Unterricht konsequent umgesetzt, werden die Durchführung und die Ergebnisse in nachprüfbarer und vergleichbarer Weise dokumentiert"[158]

Der zweite Punkt: ‚Überforderung lernschwacher SchülerInnen' - diese Behauptung kann gar nicht aufgestellt werden. Es hat nachweislich so gut wie gar keinen Offener Unterricht gegeben, der über einen längeren Zeitraum hätte untersucht werden können. Für den ‚Offenen Unterricht' können bis 2003 überhaupt keine Daten vorliegen, weil Falko Peschel die Dokumentation seines Konzepts erst 2003 vorgestellt hat. Alle bis dahin gemachten Aussagen beziehen sich auf Erhebungen, die in bestenfalls zeitlich punktuell geöffnetem Unterricht erhoben wurden und auf Einschätzungen der jeweils Untersuchenden beruhen.

Falko Peschel konnte dagegen in seiner Längsschnittuntersuchung belegen, dass der Offene Unterricht als durchgängiges Unterrichtsprinzip gerade diesen sog. lernschwachen SchülerInnen ein Lernumfeld bieten kann, in dem die sozialen Probleme, sowie individuelle Lernrückstände eben nicht dazu führten, sie

---
156 Ebenda, S. 316
157 Peschel, Falko (^{2}2006): S. 316
158 Ebenda: hier: Brügelmann, Hans (2003): Kinder machen Schule, S. XIII

aus der Lerngemeinschaft auszuschließen. Sogar Schüler, die „als nicht an der Regelschule beschulbar gelten, [*können, Einfügung JG*] im Offenen Unterricht ‚wider Erwarten' erfolgreich lernen."[159]

Damit würde Georg Feusers Forderung erfüllt, die dem Anliegen der ‚Allgemeinen Pädagogik' entspricht: „*alle* Kinder und Jugendlichen ohne sozialen Ausschluss gemeinsam zu unterrichten."[160]

Trotz dieser Forschungslage werden weiterhin Untersuchungen publiziert, die dem Offenen Unterricht bescheinigen, genau bei diesen Probleme nach wie vor dem lehrerzentrierten Unterricht nicht das Wasser reichen zu können.

Beispiel 1: Thorsten Bohl (2010)[161]:

Bohl bezieht sich mehrfach auf Peschel, sieht aber offensichtlich die Paradigmenwechsel nicht. Der Offene Unterricht Falko Peschels ist bei ihm zwar eine radikale Form, aber doch eben nur eine Form von vielen.[162] Damit ignoriert er den wesentlichsten Teil der Arbeit Falko Peschels: Dass sich die Selbstbestimmung der SchülerInnen nicht auf einzelne - auf die inhaltliche und politisch-partizipative - Dimensionen beschränken lässt.[163] Er vermutet den ‚Quantensprung zur Offenheit' nur in der inhaltlichen Dimension.[164]

Thorsten Bohl erkennt an: „Die Definition von Peschel [sei, *Einfügung von JG*] durchaus anspruchsvoller (im Sinne von: In der Schulpraxis insbesondere an Sekundarschulen kaum erfüllbar) als etwa die Rahmenkonzeption von Eiko Jürgens, die sich flexibel und offen gestalten und verändern lässt."[165] Er sagt jedoch im gleichen Satz, wenn auch in Klammer, dass das Konzept von

---

159 Ebenda, S. 772f
160 Feuser, Georg; in: Aregger (2008) S. 155
161 Bohl, Thorsten (2010)
162 Ebenda, S. 16ff
163 Vgl. Ebenda, S. 19
164 Vgl. Ebenda, S. 19f
165 Ebenda, S. 17

Falko Peschel in der Sekundarstufe nicht durchführbar sei. ‚Öffnung an sich' sei auch kein Qualitätskriterium, sondern müsse immer an Kriterien wie Lernerfolg, Zufriedenheit, aktive Lernzeit oder Strukturiertheit gemessen werden.[166]

Es bleibt unerwähnt, dass im Regelunterricht sich Lernerfolg im wesentlichen als relative Größe darstellt: Der Lernerfolg der einzelnen SchülerIn erscheint immer nur in Bezug auf den Lernerfolg der Klasse während im Offenen Unterricht sich der Lernerfolg der einzelnen SchülerIn auf ihren eigenen Lernfortschritt bezieht.

Lernerfolg und Zufriedenheit sind verträglich mit dem Konzept des Offenen Unterrichts. Wenn hingegen die aktive Lernzeit oder die Strukturiertheit als Maß für den Offenen Unterricht gelten soll, drängt sich wieder der Eindruck auf, dass Äpfel mit Birnen verglichen werden sollen. Die gleiche Maßstab, mit dem im Regelunterricht Erfolg gemessen wird, wird auch ganz selbstverständlich an den Offenen Unterricht gelegt. Es wird dabei ignoriert, dass im Offenen Unterricht die Items ‚aktive Lernzeit' oder ‚Strukturiertheit' gar nichts Vergleichbares messen können. Die aktive Lernzeit und auch die Strukturiertheit des Regelunterrichts sind Kriterien, die im Offenen Unterricht keine Bedeutung haben. Sie versuchen Merkmale zu messen, die im Konzept des Offenen Unterrichts fehlen oder ganz anders definiert sind.

So wird z.B. im Regelunterricht beobachtet, wie lange sich ein Schüler mit einer von der LehrerIn gestellten konkreten Aufgabe beschäftigt. Es liegt ja mehr oder minder fest, was die SchülerIn tun und zu welchem Ergebnis sie kommen soll. Im Offenen Unterricht gibt es aber keine von der Lehrerin gestellten konkreten Aufgaben. Die SchülerIn sucht sich selbst aus, an was sie arbeiten will und sie bestimmt auch über den Zeitrahmen in dem sie diese selbst gestellte Aufgabe bearbeitet. Darüber hinaus ist

---
166 Ebenda, S. 20

es auch noch so, dass die Aufgaben nicht einem gemeinsam genutzten Pool von Aufgaben angehören. Das was im Regelunterricht beobachtet werden kann, hat im Offenen Unterricht keine Entsprechung. Es ließe sich schon messen, wie lange eine SchülerIn an einer Aufgabe arbeitet, aber diese ist selbst gestellt, sie ist meist nicht vergleichbar mit Aufgaben, die die LehrerIn im Regelunterricht stellt und es liegt auch nicht fest, was das Ergebnis sein soll.

Auch wenn es um das Item ‚Strukturiertheit' geht, lässt sich dieser paradigmatische Unterschied feststellen. Im Regelunterricht ist die Struktur des Unterrichts auf die Vermittlung von konkreten und vorgegebenen Aufgaben bezogen. Aber genau dieser im traditionellen Unterricht zentrale Punkt ist im Offenen Unterricht nicht vorhanden. Daher lässt sich auch eine vergleichbare Struktur nicht finden. Natürlich hat auch der Offene Unterricht eine Struktur, nur ist die eben nicht an konkreten und vorgegebenen Aufgaben orientiert sondern am individuellen Lernen von einzelnen SchülerInnen, die an ganz verschiedenen selbstgestellten Aufgaben arbeiten und am sozialen Miteinander lernender Individuen in ihrem selbstbestimmten Schulalltag. Wer also Offenen Unterricht mit der Elle des Regelunterrichts misst, muss zwangsläufig zu dem Ergebnis kommen, dass der Regelunterricht besser ist, weil das Messverfahren auch tatsächlich die zu messende Größe misst. Die Validität ist nicht gegeben. Dann kommt man auch immer zu dem Ergebnis, dass Birnen die schlechteren Äpfel sind.

Thorsten Bohl stellt weiterhin fest, dass die Erforschung von Offenem Unterricht bisher nur ansatzweise möglich ist, plädiert aber gleichzeitig für die Weiterentwicklung des Offenen Unterrichts.[167] Er tut das, weil er den Paradigmenwechsel durch den Offenen Unterricht von Falko Peschel konsequent ausklammert und diesen Unterricht als eine Form von vielen Formen

---
167 Vgl. Bohl, Thorsten (2010), S. 82

des offenen Unterrichts betrachtet. Er übergeht dabei das eben beschriebene Problem der Validität für alle Unterrichtsformen, die außer der Stoffvermittlung noch andere Ziele verfolgen, wie z.B. Selbstbestimmung der SchülerInnen, Vermittlung demokratischer Prinzipien der Gestaltung gemeinsamer Arbeit und des gemeinsamen Schulalltages, persönliches Wachstum von SchülerInnen in diesem Rahmen.

Ein besonderes Gewicht misst er dabei ‚lernförderlichen Unterrichtsmerkmalen' und ‚Mikroprozessen des Unterrichts' zu.[168] Er schlägt damit vor, das Augenmerk auf Bereiche zu lenken, die zwar im Regelunterricht ihre Berechtigung haben, im Offenen Unterricht aber ganz anders zu füllen sind. „Merkmalslisten guten Unterrichts sind für die Weiterentwicklung von Offenem Unterricht hilfreich."[169] Gemeint sind Merkmale, die sich im Regelunterricht beobachten lassen und auf die sich zurückführen lässt, dass SchülerInnen erfolgreich das gelernt haben, was sie lernen sollten. Der Offene Unterricht verfolgt aber ein ganz anderes Ziel: Schülerinnen lernen das, was sie lernen wollen. Sie lernen nicht, weil sie eine Vorgabe der LehrerIn erfüllen müssen. Es ist daher im Offenen Unterricht sinnlos Merkmalslisten zu erstellen. Solche Listen zum Ausgangspunkt der Weiterentwicklung des Offenen Unterrichts zu machen ist absurd.

Zu dieser Empfehlung kommt Thorsten Bohl, obwohl er auf der gleichen Seite festgestellt hat, dass die Forschung zu Offenem Unterricht noch im Anfangsstadium steckt.[170] Obwohl es noch gar keine Forschungsergebnisse gibt, hat Thorsten Bohl schon Empfehlungen zur Hand, die erst aus solchen Forschungsergebnissen zu erarbeiten wären. In einer Zusammenstellung von Forschungsbefunden zu vorhandenem offenen Unterricht stellt er fest, dass direkte Information Fachleistungen eher begünstigt, dass hingegen nicht kognitive Ziele mit offenem Unterricht

168 Vgl. ebenda, S. 82
169 Bohl, Thorsten (2010): S. 82
170 Ebenda

besser erreicht werden können, schränkt aber im gleichen Satz wieder ein: dies sei nicht zwangsläufig so. Wie er zu diesem Urteil über den Offenen Unterricht kommt, bleibt im Dunkeln. Es gibt ja gar keine Befunde aus tatsächlich Offenem Unterricht. Nur Forschungsbefunde aus Regelunterricht, der bestenfalls für einzelne Unterrichtsstunden geöffnet ist. In einem solchen Unterricht kann sich eines der wichtigsten Elemente gar nicht entfalten: Die Selbstbestimmung der SchülerInnen. Selbstbestimmung kann nicht mal eben für eine Stunde eingeschaltet werden und dann funktionieren.

Dem Offenem Unterricht mangele es an Struktur.[171] Dass der Offene Unterricht selbstverständlich eine Struktur hat, wurde schon erwähnt. Es mangelt ihm also an der Struktur die ein traditioneller Unterricht aufweist. Die will er aber gar nicht haben.

Und natürlich darf auch nicht die Behauptung fehlen, leistungsschwächere bzw. konzentrationsschwächere Schüler könnten aus einem hohen Maß von Offenheit wenig Nutzen ziehen.[172] Wie Thorsten Bohl zu dieser Erkenntnis kommt, die ja erst Forschung über Offenen Unterricht gesichert erbringen könnte wird nicht erklärt. Falko Peschel kommt in seiner Dissertation jedenfalls zu anderen Ergebnissen.

Immerhin bemerkt Thorsten Bohl: „Die Einzelfallstudie von Peschel ist in mehrfacher Hinsicht provozierend für die gängige Diskussion zum Offenen Unterricht. Sie macht deutlich, dass eine positive Wirkung auf fachliche Leistung in einem radikal offenen Konzept möglich ist."[173]

Hier scheint es so, dass Thorsten Bohl als Maßstab nur die fachliche Leistung anlegt. Damit wird Schule auf die Vermittlung fachlicher Leistung reduziert. Von einem Bildungsauftrag von Schule ist nichts mehr zu entdecken.

---
171 Vergleiche dazu meine Ausführungen auf S. 90ff
172 Vgl. Bohl, Thorsten (2010): S. 83
173 Ebenda, S. 83

Beispiel 2: Michael Eckhart: *Explorative Untersuchung zu verschiedenen Aspekten des offenen Unterrichts S 91 - 110; in Kurt Aregger, Eva-Maria Waibel (Hrsg.) (2008): Entwicklung der Person durch Offenen Unterricht. Das Kind im Mittelpunkt: Nachhaltiges Lernen durch Persönlichkeitserziehung, Reihe: Module der Lehrerbildung, Augsburg, Brigg-Verlag*

Michael Eckhart führt eine Studie durch und geht in ihr der Frage nach, ob Offener Unterricht wirklich alle Kinder anspricht: leistungsstarke wie -schwache, behinderte und nichtbehinderte SchülerInnen, Kinder mit und ohne Verhaltensstörungen.

Aus allen ausführlich diskutierten Studien zum offenen Unterricht zieht Michael Eckhart folgendes Ergebnis: Im ‚günstigsten Fall' seien im Leistungsbereich die Lernergebnisse gleich, dennoch würden dem lehrergesteuerten Unterricht leichte Vorteile zuerkannt. Im Nichtleistungsbereich ließen sich dagegen leichte Vorteile für den offenen Unterricht feststellen. Bei SchülerInnen mit Schulleistungsschwächen ließen sich jedoch Nachteile nachweisen. Allerdings sei der „offene und schülerzentrierte Unterricht durch direktive und lehrpersongesteuerte Momente"[174] erweitert.

Es wird jedoch nicht geklärt, was denn nun aber ein offener Unterricht ist, der durch direktive und lehrpersongesteuerte Momente erweitert wurde, der aber trotzdem in den diskutierten Forschungsergebnissen ‚offener Unterricht' genannt wird. Wie offen er tatsächlich noch ist, wird nicht im Ansatz diskutiert oder problematisiert.

Für die Untersuchung von Michael Eckhart in der Schweiz wurden 2100 PrimarschülerInnen untersucht. In Bezug auf die Beurteilung, ob und wie im Rahmen dieser Untersuchung offener Unterricht praktiziert wurde, räumt Michael Eckhart ein, dass im Unterricht die herkömmlichen, traditionellen Unterrichtsformen dominieren und offenere Unterrichtsformen

---
174 Ebenda, S. 95f

eher ein Schattendasein führen.[175] Das bedeutet für den Offenen Unterricht als durchgängig praktizierte Unterrichtsform: Fehlanzeige.

Die Angaben beruhen auf der Befragung der LehrerInnen. Damit besteht natürlich die Möglichkeit - das sieht auch Michael Eckhart so - dass die Daten - weil offene Unterrichtsformen sozial erwünscht sind - eher zu positiv ausfallen.[176] Wenn also von Wochenplan, Freiarbeit oder von Projekten die Rede ist muss man sich fragen, ob denn diese Unterrichtsformen auch tatsächlich in der angegebenen Häufigkeit stattgefunden haben. Ebenso ist vollkommen ungeklärt, wie denn die genannten Unterrichtsformen mit Erweiterung tatsächlich praktiziert werden. Dazu gibt es keinen Hinweis.

Auch die angeführte Schülerbefragung bestätigt nur, dass eine bestimmte Unterrichtsform, die die SchülerInnen z.B. als Wochenplanunterricht kennen, auch durchgeführt worden ist. Was tatsächlich stattgefunden hat und wie sich dieser Wochenplanunterricht inklusive seiner Erweiterungen gestaltet, ist nicht auszumachen.

So gesehen ist die Untersuchung in Bezug auf den Offenen Unterricht, der im Sinne Falko Peschels als durchgehendes Unterrichtsprinzip erteilt wird, ohne Bedeutung. Die Zusammenfassung der Forschungslage berücksichtigt den Offenen Unterricht nicht und zeichnet so ein verschwommenes Bild von Regelunterricht der punktuell geöffnet ist (Wochenplan, Freiarbeit), gleichzeitig aber auch ‚durch direktive und lehrpersongesteuerte Momente erweitert' wurde. Wie Michael Eckard in seiner Beurteilung zu Unterscheidungen zwischen lehrergesteuertem Unterricht und dem kommt, was in dieser Untersuchung als offener Unterricht firmiert, ist nicht nachzuvollziehen.

---

175 Vgl. ebenda, S. 100
176 Vgl. ebenda, S. 100

Schon Georg Feuser beschreibt Unterrichtsforschung anders. Sie müsse ganzheitlich betrieben werden und den Menschen in den Mittelpunkt stellen:

> „Auf der Basis der vorliegenden humanwissenschaftlichen Erkenntnisse und der heute unbestreitbaren Annahme, dass der Mensch das erkennende Subjekt ist und die Erkenntnis in der internen Rekonstruktion der erfahrenen Welt liegt und nicht draus-sen in dieser, sie also von ihm oder ihr hervorgebracht wird, verhalten wir uns in der Pädagogik extrem anachronistisch. Wir tun so, als läge des Wesen des Unterrichtens und Lernens auf der strukturellen Seite. Leistungen beurteilen wir weiterhin nach der Vollständigkeit der Rezeption der Unterrichtsinhalte i.S. des Wissensstandes und nicht am Erkenntnisprozess und -gewinn, d.h. nicht danach unter welchen Bedingungen und in welcher Qualität der Lernende sie in seinem Inneren durch handelnde Auseinandersetzung mit den Menschen und der Welt hervorgebracht und in Form eines ständigen Verstehens- und Interpretationsprozesses as Wissen repräsentiert hat, so als gäbe es die Funktionen und Bedeutungen der Dinge für den Menschen an sich und nicht ausschließlich nur durch ihn selbst."[177]

Der Stoff hat dem Schüler zu dienen!

Mit dem Satz: „Der Stoff hat dem Schüler zu dienen und nicht dieser dem Stoff - wenn Lernen entwicklungsinduzierend sein soll."[178] stellt Georg Feuser die gegenwärtige Unterrichtsforschung vom Kopf auf die Füße. Es geht nicht darum, SchülerInnen Wissen beizubringen und sie danach zu sortieren, wie gut und wie genau

---
177 Feuser, G.: Lernen am „Gemeinsamen Gegenstand", in: Aregger (2008), S. 159f
178 Ebenda, S. 160

sie dieses Wissen reproduzieren können, ohne auf ihre individuellen Lernvoraussetzungen und Lernbedürfnisse Rücksicht zu nehmen. Stoff hat nur dann einen Wert, wenn er für die SchülerIn *entwicklungsfördernd* ist, wenn sie sich mit diesem auseinandersetzt.[179] Damit meint Georg Feuser, dass sich in dem Moment, wo sich eine SchülerIn mit einem Lerngegenstand auseinander setzt, d.h. eine Geschichte schreibt, eine Untersuchung durchführt, kniffelige Matheaufgaben löst, ... dass diese Beschäftigung mit diesem Lerngegenstand, die Auseinandersetzung mit diesem Lerngegenstand, nicht nur einen Wissenszuwachs produziert, sondern dass auch von der SchülerIn Verbindungen zu ihrem bisher erworbenen Wissen und Können hergestellt werden und somit diese Veränderung weit über den normalerweise im Unterricht angezielten Wissenszuwachs hinaus wirkt - entwicklungsfördernd eben, wie Georg Feuser sagt. Daher ist es auch nicht notwendig, dass eine SchülerIn auf ‚allen Ästen aktiv' ist um sich zu bilden.[180]

Georg Feuser ernst genommen bedeutet das, die SchülerIn kann umgekehrt auch je nach individuellem Bedürfnis auf einem Ast so lange aktiv sein, wie es für sie wichtig ist, d.h. sich für ihre Bildung die Zeit nehmen, die sie braucht, ohne von Wissenshäppchen zu Wissenshäppchen zu hecheln, welches ihr der traditionelle Unterricht vorhält.

Lerngeschichten - Meike

Falko Peschel stellt Meike und ihre Lerngeschichte vor: Oberflächlichkeit und Ordentlichkeit in verschiedenen Unterrichtskonzepten. Nach seiner Einschätzung ist Meike stark im

---
179 Vgl. ebenda, S. 160
180 Vgl. Feuser, G., in: Aregger (2008), S. 161f

Schreiben von Geschichten. Sie mag aber Sachen nicht so sehr, die „man tiefgründiger angehen muss".[181] Damit ist gemeint, dass Meike ihre Produktionen nicht mehr überprüft, wenn sie sie einmal aufgeschrieben hat: Sie vergisst schon mal Buchstaben, macht ihre Sachen husch husch.[182]

Meike bekommt entsprechende Rückmeldungen und formuliert zum Ende der zweiten Klasse:

> „Sorg felltig fersuche ich Zu sein. Sachen zum arbeiten finde ich gut. ... ich möchte ordentlicher Schreiben und beser Reschnen. Texte fallen mir gut ein. meine Schrift ist nicht so besonders. meine geschichten gug ich nocht so gut nach. ... Sachen zum Forschen finde ich gut. forcher Sachen auf schreiben kann ich. Anderen über forcher Sachen berichten kann ich Nicht so gut."[183]

Im zweiten Schuljahr steigt der Druck auf Meike, den die Eltern ausüben, damit sie sorgfältiger arbeitet, deutlich an und führt zu Beginn des dritten Schuljahres zu einem massiven Einbruch von Meikes Arbeitsverhalten. Falko Peschel merkt an, dass dies auch mit den Hausaufgaben zu tun hat, die von den Eltern „in einer anderen Form eingefordert werden, als Meike es von der Arbeit in der Schule gewohnt ist."[184] Die Eltern stehen dem Offenen Unterricht zwar verständnislos aber aufgeschlossen gegenüber. So sucht die Mutter trotz ausführlicher Beschreibung des Offenen Unterrichts bei einem Besuch des Klassenzimmers vergeblich das Lehrerpult vor der Tafel. Für die Eltern ist auch klar, dass die Ursache für Meikes Oberflächlichkeit am Unterrichtskonzept liegt. Es wird von Lehrer und Eltern beschlossen, dass „Meike ein paar Wochen probeweise eine der beiden Parallelklassen besuchen soll, damit entsprechende Erfahrungen gemacht werden können."[185] Meike

---

181 Peschel (^{2}2006), S. 413
182 Vgl. ebenda, S. 413
183 Ebenda, S. 413, Scheibfehler im Original
184 Peschel (^{2}2006), S. 414
185 Ebenda, S. 414

erlebt einen ‚kleinen' Schock, kann sich aber mit der Teilnahme am Unterricht in einer anderen Klasse anfinden. Sie erfährt dort einen stark lehrgangsorientierten Unterricht, bekommt aber gute Leistungen bescheinigt. Sie beschwert sich über die Unruhe in der neuen Klasse. Den Eltern geht auf, dass Meike im Offenen Unterricht nicht nur viel intensiver sondern auch auf einem ganz anderen - höheren - Leistungsniveau gearbeitet hat. Meike kehrt schließlich in den Offenen Unterricht zurück. Ihr Arbeitsverhalten bessert sich, aber Falko Peschel bescheinigt Meike, dass es ihr weiterhin schwer falle, „wirklich tiefgründig zu arbeiten."[186] Das passe zu ihrem Charakter.

Eine Trennung von der gewohnten Lerngruppe und die Versetzung in eine andere Lerngruppe ist für ein Kind wohl mehr als nur ‚ein kleiner Schock', sondern vielmehr eine einschneidende Maßnahme. Das gesamte Sozialgefüge in dem ein Kind in einer Klasse lebt wird einschneidend gestört oder gar zerstört. Dass ein Kind sich dem ohne großen Widerspruch fügt, ist wohl mehr auf die Auswegslosigkeit zurückzuführen, die ein Kind gegenüber einer solchen Maßnahme, die Erwachsene planen und umsetzen, empfindet. Bei Jugendlichen oder Erwachsenen wird ein solcher Wechsel ganz anders bewertet und sie können sich deutlich artikulieren. Kinder sind dem hilflos ausgeliefert. Es sollte zu denken geben, dass in der traditionellen Schule die Versetzung in eine parallele Lerngruppe als mittelschwere Sanktion gewertet wird. Bei Meike erfolgt diese Maßnahme, weil sich die Eltern erhoffen, dass sich ihr Arbeitsverhalten ändert. Falko Peschel tut ein Übriges und schreibt im Zeugnis zur dritten Klasse:

> „Liebe Meike! Du hast es je selber zu spüren bekommen, dass weder deine Eltern noch ich dir jedes Jahr dasselbe sagen oder schreiben wollten, ohne dass du es ernst nimmst. Du hast trotz der täglichen Hinweise nicht alleine die Kurve bekommen, sorgfältiger und genauer zu

---

[186] Ebenda, S. 415

arbeiten und Sachen genauer zu üben. Dann gab es eine Radikalkur, die dir gezeigt hat, dass du das ja auch kannst, was alle von dir wollen."[187]

Selbst Falko Peschel bezeichnet die vorübergehende Versetzung in eine parallele Lerngruppe als Radikalkur (!). Das ‚tiefgründige Arbeiten' bleibt allerdings aus.

Trotzdem: die abschließende Bewertung ihrer Grundschulzeit weist keine Fehler auf. Meike landet zunächst in einer Realschule, um dann doch aufs Gymnasium zu wechseln. Dort pendeln sich ihre Leistungen zwischen 2 und 3 ein - schwer fallen ihr nur die Fremdsprachen.

Es stellt sich die Frage, ob Meikes mangelndes tiefgründiges Arbeiten nicht eine Antwort auf die täglichen Anforderungen der Eltern und des Lehrer sind. Kann unter solchen Umständen überhaupt eine Veränderung im Arbeitsverhalten bemerkt werden? Wenn dieses mangelnde tiefgründige Arbeiten sogar als Charakterzug gewertet wird - welche Möglichkeiten hat ein Kind sich dagegen zu wehren, ein anderes Verhalten zu erproben? Meike wird zu einem Verhalten genötigt: ‚tiefgründigem Arbeiten', welches für sie möglicherweise noch gar nicht dran ist. Manfred Spitzer zufolge lernt das Gehirn genau das was es braucht. Wenn es also ‚tiefgründiges arbeiten' nicht lernt bzw. nicht lernen will, dann hat das sicher seinen Grund. Offensichtlich ist Textproduktion im Moment wichtiger. Und Falko Peschel bescheinigt Meike ja auch, dass sie zu den Vielschreibern gehört[188]. Die Aussage, dass sie in bestimmten Zeiten nicht viel gelernt habe, ist vielleicht ebenso falsch wie bei Bettina, der bescheinigt wird, sie habe manchmal einfach keine Lust zum Lernen.

Auch Georg Feuser betont, dass kein Kind ausgegrenzt werden dürfe, nur weil es auf einer anderen Stufe lerne.[189]

---
187 Peschel (²2006), S. 415
188 Peschel (22006), S. 414
189 Vgl. Feuser, G. (2008), S. 155

Immerhin ist es wieder das Konzept des Offenen Unterrichts, das solch ein Lernverhalten hinnimmt, statt Sanktionen zu verteilen. Es wird zwar gehöriger Druck auf Meike ausgeübt und es steht auf des Messers Schneide, ob sie im Offenen Unterricht verbleiben darf, aber sie geht ihren Weg und landet schließlich am Gymnasium. Es scheint weniger um Meike zu gehen, als um die Unsicherheit der Eltern: Was ist das Richtige für unser Kind? Dabei steht aber nicht das Kind im Mittelpunkt, sondern die Eltern. Sie haben Probleme mit dem Offenen Unterricht, damit, dass nicht das Lehrerpult bei der Tafel steht, mit den Hausaufgaben, damit, auf welche Schule ihr Kind gehen soll. Eindeutig positiv ist allerdings, dass die Eltern einlenken können und letztlich doch die Möglichkeiten ihres Kindes an die erste Stelle setzen.

Die Aussage Falko Peschels, dass „Eltern mehr Vergleichsmöglichkeiten gegeben werden müssten, um sich für oder gegen ein Unterrichtskonzept entscheiden können"[190] wird natürlich auf dem Rücken der Kinder ausgetragen. Sie müssen die Entscheidungsunsicherheit der Eltern mit einem Hin und Her zwischen Klassen mit den verschiedenen Unterrichtskonzepten ausbaden. Sie müssen den Wechsel der Lerngruppen ertragen. Sie haben unter dem Bruch der Sozialkontakte zu leiden.

Lerngeschichten - Michael

Was die Gruppe und damit stabile Sozialkontakte zu leisten in der Lage sind, zeigt das Beispiel ‚Michael - oder Kinder therapieren einen hochbegabten Hyperaktiven'.

Michael hat schon im Kindergarten Spielmaterial zerstört und andere aggressive Verhaltensweisen gezeigt. Die Mutter sucht

---
190 Peschel (22006), S. 415

eine Erziehungsberatungsstelle auf und Michael macht seither eine Spieltherapie. Falko Peschel beschreibt:

> „Emotionale und kreative Bereiche scheinen bei ihm nicht vorhanden bzw. nicht sonderlich ausgeprägt zu sein, während er durch hochqualifiziertes, strukturelles bzw. analytisches Denken hervorsticht. ... In Mathematik rechnet Michael schon in den ersten Wochen selbst ausgedachte strukturorientierte Aufgaben im unbegrenzten Zahlenbereich. Im Bereich Sprache lernt er die Buchstaben beiläufig. Genauso bringt er sich das Lesen bei. Bezüglich der Rechtschreibung scheint es so, als würde er alle Wörter, die ihm irgendwo einmal begegnet sind, rechtschriftlich richtig behalten."[191]

Aber: „Michael kann nicht stillsitzen und ist nur dadurch zu bändigen, indem sich der Lehrer ausschließlich mit ihm beschäftigt oder ihn zumindest festhält, damit nicht Sachen durch die Gegend fliegen, Tische und Stühle werden übereinander gebaut oder Bücher zusammengetackert."[192]

Zu allem Überfluss befreundet sich Michael eng mit Mirko. Beide beeinflussen sich gegenseitig so stark, dass „in der Regel mindestens eines der beiden Kinder durch den Lehrer oder durch Klassenkameraden betreut, bzw. beschäftigt werden"[193] muss. Auch Eltern melden Bedenken gegen die Integration Michaels an.[194]

Trotzdem: Michael wird von den Kindern als Klassenkamerad voll akzeptiert. Nach den Weihnachtsferien im zweiten (!) Schuljahr ist das Maß voll und die Kinder berufen einen Kreis ein, um eine Lösung mit Michael zu finden.

> „Es ist zu vermuten, dass ihm durch das engagierte und hochgradig emphatische Gespräch der Kinder der Klasse einerseits signalisiert wurde, er ist ganz so akzeptiert wie er ist, andererseits aber auch,

---
191 Peschel (^{2}2006), S. 418
192 Ebenda, S. 419
193 Ebenda, S. 420
194 Vgl. ebenda, S. 420

> dass sein Verhalten dazu führt, dass sich andere Kinder in ihren Rechten eingeschränkt fühlen. Der Lehrer [Peschel, Einfügung JG] vermerkt in seinem Tagebuch, dass ihn die reflektierte Art der Lösungsvorschläge und Fragen der Kinder selbst ‚weit in den Schatten gestellt' hat."[195]

Das Verhalten verbessert sich stark und im vierten Schuljahr schreibt Falko Peschel:

> „Meiner Meinung nach hast du dich im Hinblick auf dein Verhalten in der Klasse und zu anderen im letzten Halbjahr weiter positiv entwickelt. Es fällt dir zwar manchmal immer noch schwer, Ablenkungen oder Konflikten aus dem Weg zu gehen, aber wenn man deinen gesamten Entwicklungsverlauf betrachtet, kann man dir ein paar Ausrutscher nicht nachtragen."[196]

Alle Versuche Michael als Hochbegabten an einer entsprechende Schule unterzubringen scheitern - er besucht ein normales Gymnasium.

> „Dort fällt Michael durch seine Art schnell auf Grund der sonst gewohnten Disziplin auf. Aus Gesprächen mit Michael und aus Beobachtungen bei Hospitationen in der Klasse bzw. Schule ergibt sich für den ehemaligen Klassenlehrer der Eindruck, dass Michael keinerlei Rückhalt durch seine neuen Mitschüler erfährt, die sein Anspringen auf jeden Anlass eher als willkommenen Ausgleich zum sonstigen Unterricht zu sehen scheinen. Das vormals so selbstverständliche Stützen und Regulieren Michaels durch Mitschüler und Lehrer hat keinen Platz im nun herrschenden Unterrichtskonzept - weder pädagogisch noch organisatorisch. Michael erreicht zunächst einen Notendurchschnitt im Dreierbereich, sinkt aber im Laufe der Zeit weiter ab und muss die sechste Klasse schließlich (als Hochbegabter ...) wiederholen"[197]

---

195 Ebenda, S. 421
196 Ebenda, S. 423
197 Ebenda

Hier zeigt sich sehr deutlich, dass im Offenen Unterricht nicht nur der Lehrer, sondern auch die Schüler ganz andere Möglichkeiten finden, konstruktiv miteinander umzugehen. Die kognitive Leistung war sowieso nie ein Problem für Michael.

Unter dem Einfluss eines lehrerzentrierten Unterrichts und der dort notwendigen Disziplin kann sich dieses konstruktive Miteinander erst gar nicht entwickeln. Dadurch, dass auch dem Lehrer die Systematik des Lehrplanes wichtiger ist als ein problematischer Schüler, ergibt sich als Antwort nur die Einforderung der üblichen und erwarteten Disziplin. Selbst um den Preis, dass die kognitiven Fähigkeiten von Michael verschüttet werden. Umgekehrt bedeutet das - wenn man nicht die Verantwortung auf dem Lehrer abladen will - dass ein lehrerzentrierter Unterricht ein erschreckendes (Vor-)Bild in Bezug auf die soziale Realität in einer so geführten Klasse abgibt.

Bezeichnender Weise geben auch die Eltern Michael die Schuld. Die Mutter schreibt: „Im wesentlichen o.k. [gemeint sind die Ansprüche an Michael, Einfügung JG], lag am Kind, dass die persönliche Entwicklung nicht zufriedenstellend ist."[198]

Es tritt also genau der Fall ein, der schon oben diskutiert wurde: Die Schule hält durch ihre Form der Organisation von Unterricht Schüler, die bestimmte Merkmale auf sich vereinigen, systematisch von Bildung fern (Georg Feuser). Die sozialen Beeinträchtigungen von Michael haben nicht nur Disziplinprobleme zur Folge, sie wirken sich auch auf seine kognitiven Fähigkeiten aus, die bisher im Offenen Unterricht nie Probleme bereitet haben.

---

198 Ebenda, S. 424

Lerngeschichten - Natalie

Natalie ist eine der schwächsten SchülerInnen der Klasse. Ihre Eltern leben getrennt, sie ist vor (sie ist die erste, die gebracht wird) und nach der Schule im Hort (sie ist die letzte die abgeholt wird), weil die Mutter berufstätig ist, schließlich wird Nathalie ein Schlüsselkind. Sie hat keine Vorkenntnisse in Bezug auf Buchstaben und Zahlen. Schnell fällt auf:

> „Natalie [ist, Einfügung JG] sehr selbständig, zieht aber spielerische Aktivitäten durchweg dem schulischen Lernen vor. [...] Natalie fällt es schwer, sich über längere Zeit lernend zu beschäftigen. Spielerische Aktivitäten stehen für sie im Vordergrund. Ihr Lerninteresse erfolgt extrem sprunghaft bzw. schubweise. Zu für sie weniger interessanten Inhalten hat sie keinen Lernbezug, so verteilt sie z.B. in Mathematik dann wahllos Zahlen oder malt im Heft. Ihre Frustrationstoleranz und ihre Konzentrationsfähigkeit erscheinen gering."[199]

Wieder fällt auf, dass Lernen bzw. Lernverhalten in der Schule und die häusliche Situation der Kinder in einem engen Zusammenhang stehen. Wieder fällt auf, dass schulisches Lernen nach bestimmten Erwartungen beurteilt wird, die mit dem was Manfred Spitzer über Lernen schreibt nicht zusammenpassen: Wenn das Gehirn immer lernt und für diese Aufgabe optimiert ist, dann ist es unsinnig zwischen spielerischen Aktivitäten und schulischem Lernen zu unterscheiden. Beschrieben wird nur ein beobachtbares Verhalten, welches für die Schule relevant zu sein scheint, das aber keinen Rückschluss darauf zulässt, was das Gehirn gerade wirklich lernt. Wenn also Natalie spielerische Aktivitäten ausführt, wahllos Zahlen in ihr Heft schreib oder malt, dann kann nicht daraus geschlossen werden, dass sie nicht lernt, sondern genaugenommen nur, dass ihr Gehirn nicht mit dem beschäftigt ist, was sie gerade tut.

---
199 Ebenda, S. 732

Dass sie zu ‚weniger interessanten Inhalten' keinen Lernbezug hat, ist aus neurologischer Sicht gesehen nur normal, denn die ‚weniger interessanten Inhalte' werden halt vom Gehirn nicht beachtet. So ein Verhalten bedeutet nicht: ‚keine Lust auf Lernen', sondern es ist ein ehrliches Verhalten. Dieses Verhalten wird in der Regelschule aber nicht akzeptiert und auch von Falko Peschel aus dieser Warte gesehen. Statt zu überlegen, wie kann man das Kind für den Inhalt interessieren (das Kind für den Stoff zurichten) sollte man überlegen, wie man dem Kind helfen kann, die Inhalte zu finden, die es jetzt gerade benötigt (der Stoff ist für das Kind da).

Wenn dann so ein Verhalten in einem Offenen Unterricht auftritt, dann ist offensichtlich das Gehirn mit etwas beschäftigt, dass auch der Offene Unterricht jetzt nicht bieten kann. Bei Natalie könnte das möglicherweise die Lebenssituation außerhalb der Schule betreffen. Falko Peschel vermutet rückblickend, „dass sie die Zeit genutzt hat, um sich ihren eigenen Weg zur schulischen Bildung zu bahnen".[200] Damit ist wahrscheinlich gemeint: Natalies Gehirn hat die neue, unbekannte Situation in der Schule erfasst und analysiert. Es hat versucht, sinnhafte Regeln aus dem Geschehen in der Klasse herauszufiltern, um diese Situation bestmöglich zu nutzen und nebenbei viele Informationen eingesammelt und verarbeitet.

Dazu ein Beispiel: Natalie beobachtet andere Kinder auf dem Gang, die Schreibschrift schreiben. Diese findet sie so schön, dass sie das auch lernen will. Falko Peschel entgegnet: „Da müsse sie erst einmal überhaupt schreiben lernen."[201] Er hat ja bisher nicht gesehen, dass Natalie schreiben kann. Und was tut Natalie? Sie „setzt sich hin und schreibt alle Wörter zu den Bildern der Buchstabentabelle lautgetreu auf."[202] Der ‚Informationsstaubsauger' funktioniert bestens.

200 Peschel (²2006), S. 426
201 Ebenda, S. 426
202 Ebenda, S. 426f

> „In der ersten Hälfte des zweiten Schuljahres fixiert sich Natalies Arbeiten in der Schule in hohem Maße auf das Lesen, das sie auch zu Hause für sich entdeckt. Sie wird in kurzer Zeit zur besten (Vor-)Leserin der Klasse und kann flüssig und ziemlich sinnbetont vorlesen.[203]

Auch hier wird wieder deutlich: Natalie lernt ohne Leselehrgang, ohne Leseübungen diese Kulturtechnik. Einfach deswegen, weil es jetzt für sie ‚dran' ist. Sie ‚entdeckt' es für sich. Die schwächste Schülerin der Klasse wird in kurzer Zeit zur besten Vorleserin, ohne an Wörtern zu kauen, sie liest flüssig und sinnbetont. Wie sagt Comenius: Lernen ist ganz einfach und leicht! Es ist also nicht die geringe gemessene Intelligenz, nicht irgendeine Bildungsferne, es ist keine quälende, schweißtreibende, harte und verbissene Lernarbeit. Und mühelos überrundet sie beim Lesen die anderen in der Klasse.

> „Natalies Leistungen im Rechtschreiben bewegen sich die ersten zwei Schuljahre im unteren Bereich der Klasse, steigen aber im dritten Schuljahr auffällig an und scheinen sich dann leicht über dem Klassendurchschnitt zu stabilisieren."[204]

> Sie verwendet dabei einmal richtig verschriftete Wörter ungewöhnlich konsequent und ohne längere Phasen der Unsicherheit oder Erprobung."[205]

Falko Peschel dokumentiert, dass Natalie die Rechtschreibung gar nicht beachtet. Dann plötzlich macht sie einen (Lern)'Sprung' und holt all das auf, was sie bisher versäumt hat.[206] Aus neurologischer Sicht scheint gerade jetzt erst die Zeit richtig zu sein, Rechtschreibregeln zu bilden. Spitzer beschreibt das so:

> „Da die Welt regelhaft ist, brauchen wir uns nicht jede Einzelheit zu

---

203 Ebenda, S. 427
204 Ebenda, S. 743
205 Ebenda, S. 427
206 Ebenda, S. 426

merken. [...] Nur dadurch, dass wir vom Einzelnen abstrahieren, dass wir verallgemeinern und eine allgemeine Vorstellung [...] aus vielen Einzelbegegnungen [...] formen, sind wir in der Lage"[207]

daraus Regeln abzuleiten, die wir ohne sie explizit zu kennen richtig anwenden können.

Aus welchem Grund auch immer, das Gehirn von Natalie sammelt in den ersten beiden Schuljahren Beispiele in Sachen Rechtschreibung, ohne das Natalie die daraus resultierenden Regeln zur Kenntnis nimmt. Das tut sie erst um den Beginn des dritten Schuljahres. Falko Peschel beschreibt, dass Natalie z.B. das morphematische Muster äu zunächst richtig, dann aber auch eu wiedergibt. Die richtige Regel wendet Natalie erst ab Ende des dritten Schuljahres konsequent an.[208] Auch das Dehnungs-h kann sie erst ab Ende der zweiten/Anfang der dritten Klasse meist richtig anwenden, schwirige Worte mit Dehnungs-h (z.B. Frühstücksei) schreibt sie erst am Ende der vierten Klasse konsequent richtig.[209]

Immer wieder wird Natalie bescheinigt, dass sie nur nach ‚Lust und Laune' lerne. Sie ziehe spielerische Sachen vor, statt sich systematisch Lernsachen zuzuwenden. „Natalies Leistungen sind sehr stark von ihrer eigenen Lernmotivation abhängig"[210] heißt es in einem Gutachten bald nach Schulbeginn. Eine Rückstufung in den Schulkindergarten unterbleibt, weil dort auch nicht effektiver und individueller gefördert werden kann als im Offenen Unterricht.[211] Es wird erwartet, dass Natalie Leistungen wie die anderen SchülerInnen erbringt. Wenn die Möglichkeit bestanden hätte, im Schulkindergarten effektiver und individueller auf Natalie einzugehen, wäre sie, eben weil ihre Leistungen

---

207 Spitzer (2007), S. 76f; Spitzer verwendet im Beispiel allerdings Tomaten
208 Peschel (²2006), S. 749
209 Vgl. ebenda, S. 748
210 Ebenda, S. 734
211 Vgl. ebenda, S. 733

stark von ihrer eigenen Lernmotivation abhängig sind, ausgegrenzt worden. Ausschließlich der Lernstoff und Natalies Lernverhalten in Bezug auf diesen hätte den Ausschlag für die Entscheidung zur Ausgrenzung gegeben.

Diese Situation kann als Bestätigung für Georg Feusers Aussage gelten, dass wenn „in integrativen Ansätzen nur eines der aufgezeigten sechs Momente übrig [bleibt, *Einfügung JG*], die dem funktionalen Kreislauf des sich selbst reproduzierenden segregierenden Systems entspricht, zwingt es, wie das in der Praxis immer wieder beobachtbar ist, das ganze System in die alten Pfade."[212] Hier ist es nur das Denken in einigen dieser Momente, das Natalie beinahe zur Ausgrenzung führt. Die starre Organisation in Jahrgangsklassen verbunden mit der wiederkehrenden Anforderung, das Klassenziel zu erreichen bringt den Lehrer ganz unauffällig dazu, zu überlegen, ob ein Kind nicht in einer andern - niedrigeren - Klasse besser gefördert werden kann. Der Gedanke des „gemeinsamen Lernens" wird dem ‚Interesse einer besseren Förderung des Kindes' geopfert. Diese (vermeintlich bessere) Förderung hat aber nicht das Kind als Person im Blick, sondern hauptsächlich das Lernverhalten und den Lehrplan. Es geht nicht um die Entwicklung des Kindes, sondern darum, ob das Kind den schulischen Anforderungen genügt. Die Alternative ist, das Kind ein Jahr zurückzustellen um es dann den gleichen Anforderungen wieder auszusetzen. Man hofft, dass das Kind sich bis dahin genügend entwickelt hat, um diesen gleichen Anforderungen zu genügen.

> Innerhalb der Klasse geht Natalie sehr selbstbezogen ihre eigenen Wege, wobei sie einfach keinen Bedarf zu einer stärkeren Beteiligung an gemeinsamen Tätigkeiten mit anderen Kindern zu haben scheint. [aus dem Gutachten nach 3 Monaten Schulzeit, *Einfügung von JG*]

---

[212] Feuser, Georg (2007): S. 158. Mit den sechs Momenten sind gemeint: Selektion, Segregation, Atomisierung, Homogenität, Äußere Differenzierung und reduktionistisch verengte und parzellierte Bildungsangebote und Lehrpläne.

> Natalie arbeitet/beschäftigt sich am liebsten alleine und hat genaue Vorstellungen von ihrer Tätigkeit. Ihren eigenen Kopf hat Natalie auch in Bezug auf die Klassenregeln und die Interaktion mit den Mitschülern, je nach Tageslaune kann sie sich gut anpassen oder aber sich schlechter integrieren. Entsprechend schwirig sind für sie kooperative Verhaltensweisen [...] Natalie wirkt in Klassengesprächen eher schüchtern [...]. Die Klassengemeinschaft spielt [...] keine große Rolle für sie"[213]

Es bleibt unklar, warum Natalie einen solch distanzierten Kontakt zur Klassengemeinschaft hält. Trotz aller Schwierigkeiten ist sie aber keine Außenseiterin. Das Desinteresse scheint sich eher auf Lernsituationen zu beziehen.

In der ausführlichen Fallstudie wird immer wieder betont, wie naiv, verspielt und desinteressiert Natalie in Bezug auf Schulstoffe ist. Ihr Verhalten wird als egozentrisch beschrieben. Sie setze ihre Interessen handgreiflich und lautstark durch. Für alles, was sie nicht unmittelbar betrifft, interessiert sie sich kaum.[214] Die anderen Kinder bescheinigen Natalie, dass sie

> „mehr schaffen könne und faul sei. Sie solle sich im Schreiben verbessern und sie würde zu wenig rechnen. Im Lesen sei sie super. Sie überlegen, ob Natalie ein Leseverbot bekommen sollte, finden ein Verbot durch die Klasse aber doof; wenn, dann müsse Natalie sich selbst dazu entschließen. Natalie würde viel zu viele Schimpfwörter gebrauchen und andere Kinder immer auslachen. Außerdem meckere sie immer und würde immer motzen. Sie solle sich mit den Ausdrücken bessern"[215]

Selbst die KlassenkameradInnen wenden die gängige Schulsicht auf Natalie an, weil sie nicht so funktioniert, wie sie sollte: sie <u>könne mehr schaffen und sei faul</u>. Auch sie schließen von ihrer

---

213 Peschel (²2006), S. 425
214 Vgl. ebenda, S. 735
215 Ebenda, S. 736f

Beobachtung zurück. Auch Natalie selbst übernimmt für sich diese Bewertung. Sie räumt selbst im zweiten Schuljahr ein, dass sie der Mathematik aus dem Wege gehe, dass sie kaum schreibe, Ihre Geschichten durchschnittlich seien, dass sie nicht forscht und nicht malt. Religion mache sie auch nicht mit. Toll sei Musik, Sport und Lesen.[216]

Nathalie ist also ziemlich unter Beschuss. Im Zeugnis kann Falko Peschel ihr aber versichern: „Ich glaube, du hast jetzt angefangen zu verstehen, wofür Schule eigentlich so da ist."[217]

Dieser Bericht ist für mich schockierend und faszinierend zugleich. Schockierend, weil - trotz der ausführlichen Beschreibung der ausgesprochen schwierigen persönlichen Situation von Natalie - immer wieder der Schulmaßstab angelegt wird: Du tust nicht genug für dein Lernen! Gerade das Verhalten, dem der Offene Unterricht entkommen will: der Vergleich mit anderen SchülerInnen, Leistungsanforderungen in Lernbereichen (Lesen, Mathematik, Schreiben, ...) halten doch wieder Einzug, nur auf einer abstrakteren Ebene. Das wird insbesondere deutlich, wenn man die Entwicklungsberichte im Rechtschreiben[218], im Lesen[219] und in Mathematik[220] betrachtet. Natürlich beschreibt Falko Peschel diese Entwicklungen nicht, weil er doch nur ein in der Wolle gefärbter Pauker ist. Es ist notwendig Lernfortschritte sichtbar zu machen und zu verfolgen, noch dazu in einer Dissertation, sich die Evaluation von Offenem Unterricht vorgenommen hat - gar kein Zweifel. Aber diese Art der Beschreibung erinnert sehr intensiv an gängige Auffassung von schulischem Lernen. Sie schlägt ja auch bis in Zeugnisformulierungen durch und auch die Kinder scheinen in dieser Sprache bewandert zu sein. Auch die Aussage: ‚Du scheinst zu begrei-

---

216 Vgl. ebenda, S. 735
217 Peschel (²2006), S. 737
218 Vgl. ebenda, S. 743ff
219 Vgl. ebenda, S. 755ff
220 Vgl. ebenda, S. 757ff

fen, wofür die Schule eigentlich da ist' ist gegenüber der Aussage ‚Der Stoff ist für die Kinder da, nicht die Kinder für den Stoff!' (Georg Feuser) sehr viel unklarer.

Faszinierend sind die Möglichkeiten, die der Offene Unterricht bietet. Natalie habe sich gerade im ersten halben Jahr nur „wenig mit den üblichen schulischen Inhalten beschäftigt. Rückblickend sieht es eher so aus, dass sie die Zeit genutzt hat, um sich ihren eigenen Weg zur schulischen Bildung zu bahnen."[221] Falko Peschel beschreibt z.B. in der Rechtschreib-entwicklung, Natalie hätte über die geringsten Vorkenntnisse im sprachlichen Bereich verfügt und auch noch lange Zeit ‚willkürlich verschriftet'. Vom zweiten zum dritten Schuljahr gäbe es ‚orthographisch' einen großen Sprung und am Ende der Klasse 4 verfüge sie schließlich über eine tragfähige Grundlage, die bis in die weiterführende (Gesamt-)Schule hineinreiche. Dieser zeitlich vollkommen unregelmäßige Lernverlauf sei allerdings nur durch den Offenen Unterricht möglich geworden. Er vermutet,

> „dass ein Lehrgangs- oder Förderunterricht das Risiko geborgen hätte, dass Natalie Schrift und Rechtschreibung von Anfang an als einen bei ihr selber defizitär ausgebildeten Bereich wahrgenommen hätte, der mit andauerndem Einüben bestimmter Wörter verbunden gewesen wäre. Schon das Erlernen verschiedener Buchstaben in bestimmter Reihenfolge wäre bei ihr wahrscheinlich schnell auf Unverständnis gestoßen, da diese Tätigkeit für sie in diesem Moment keinen Sinn gemacht hätte. Diesen Schluss legt auch Nathalies generelles Verhalten nahe, das in hohem Maße durch eine Abwehr gegen Vorgaben und durch ein in hohem Maße egozentrisches Lernen geprägt war.
>
> Es sei nicht auszuschließen, dass Natalie über die ganze Grundschulzeit hinweg ihre schwache Ausgangslage nicht hätte kompensieren können und ständig im Förderbereich verblieben wäre."[222]

---
221 Peschel (^{2}2006), S. 426
222 Ebenda, S. 754

Manfred Spitzers Aussage, dass das Gehirn immer nur das lerne, was es gerade verarbeiten könne, wäre eine Erklärung, warum Natalie sich zu Beginn der Schulzeit nicht mit schulischen Inhalten habe auseinandersetzen können. Das Gehirn hat sich u.a. erst mit der neuen Situation ‚Schule' beschäftigt und als Ergebnis daraus den Schluss gezogen, die als wichtig erkannten und bewerteten Dinge ohne viel Rücksicht auf den Rest der Welt zu lernen. Schulsachen sind offensichtlich als ‚zur Zeit nicht sehr wichtig' eingestuft worden.

Das *egozentrische Lernen* Natalies war also ihre Antwort auf die Gesamtsituation. Natalies Gehirn hat also nicht erst im dritten Schuljahr begriffen, wofür Schule eigentlich da ist, sondern gleich zu Beginn der Schulzeit. Es hat dabei nicht nur die vorhandenen eigenen Ressourcen, sondern auch die Grundschulzeit als Lernzeit unter diesen Bedingungen des Offenen Unterrichts richtig erfasst und berücksichtigt. Ein Organ für das Lernen optimiert! In der ‚Eroberungsphase' testet es aus, wie die Bedingungen aussehen und verfolgt dann mehr oder weniger gradlinig sein Ziel. Schule spielt dabei eine Nebenrolle. Dass dieser Weg sogar sehr erfolgreich sein kann, zeigt sich am Lesen und daran, dass Nathalie am Ende der Klasse 4 über eine tragfähige Grundlage verfügt, die weit bis in die weiterführende (Gesamt-)Schule hineinreicht.

Im Blick auf die Vorgehensweise bei Lernsachen in der Regelschule lässt sich zumindest sagen, dass Natalie mit diesem Lernverhalten wahrscheinlich totalen Schiffbruch erlitten hätte. In dem Gutachten nach drei Monaten Unterricht heißt es:

> „Ihre Rechenfähigkeit ist je nach Lust und Laune und Verfassung sehr unterschiedlich, wobei das zur Verfügung stehende Material nicht viel ändert.
>
> Natalies Leistungen sind sehr stark von ihrer eigenen Lernmotivation abhängig. Ihre Schulreife ist trotz des Vorziehens der spielerischen

Aktivitäten aufgrund der sporadischen Lernschübe schwer einzuschätzen. [...] Natalis Desinteresse an schulischen Inhalten hemmt ihre Lernentwicklung zeitweise sehr stark."[223]

Der Offene Unterricht ermöglicht ihr ein Arbeiten und Lernen nach ihren Möglichkeiten. Sie kann ihren eigenen Weg finden und gehen, auch wenn der Lehrer in Bezug auf ihr Lernverhalten ratlos ist.[224]

„Da Natalie sehr gerne in die Klasse geht und insofern mit dem offenen Unterrichtsprinzip gut zurecht kommt, als dass sie den ganzen Tag eigene Ideen und Projekte verfolgt (die Bilder der Buchstabentabelle abmalen, Bücher ansehen, Kasperlestücke aufführen, Playbacksingen etc.), erscheint die Möglichkeit, sie innerhalb der offenen Arbeit inmitten der anderen Kinder ihren eigenen Zugang zur Schule bzw. zum schulischen Lernen finden zu lassen, als ein möglicher fruchtbarer Weg."[225]

Im Sinne Georg Feusers besteht hier im Offenen Unterricht doch die Möglichkeit, der Entwicklung des Kindes den Vorrang zu geben und es seinen eigenen ‚fruchtbaren' Weg zu seiner individuellen Bildung finden zu lassen. Die hier von Falko Peschel gewählte Formulierung: ‚Zugang zur Schule bzw. zum schulischen Lernen' hat möglicherweise eher die Leistungsgesellschaft und ihre (schulischen) Bedingungen im Blick. Georg Feuser scheint dagegen ehr das Kind und seine Entwicklung in den Mittelpunkt zu stellen. Es ist jedoch sehr schwer Formulierungen und ihre Interpretationen miteinander zu vergleichen, denn konstruktivistisch gesehen sind beide Auffassungen und auch der von mir gesehene und beschriebene Unterschied meine eigenen Konstruktionen.

---

223 Peschel (^{2}2006), S. 734
224 Vgl. ebenda, S. 734
225 Peschel (^{2}2006), S. 734

Hier ist wieder Platz für Ihre Gedanken, Fragen, für eigene Erfahrungen zum Kapitel Offener Unterricht - und Lernerfolg der SchülerInnen, für Zustimmung, für Ablehnung, ...

Wenn Sie möchten, können Sie mir das, was sie aufgeschrieben haben, auch zumailen: juergen@goendoer.net

Rogers und der Offene Unterricht

Der Offene Unterricht bezieht sich auch auf Carl R. Rogers. Dieser hat die ‚nichtdirektive Psychotherapie' entwickelt, später auch ‚personenzentrierter Ansatz' genannt. Im Gegensatz zu den gängigen therapeutischen Richtungen (z.B. Verhaltenstherapie, z.B. Behaviorismus oder der klassischen Psychotherapie von z.B. Siegmund Freud, hat Carl Rogers - für damalige Verhältnisse, die Psychotherapie umgestülpt. Seiner Auffassung nach war es nicht der Therapeut, der dem Patienten den Weg zu einer psychischen Gesundheit wies, sondern der Patient lernte mit der Unterstützung des Therapeuten seinen eigenen Weg zu gehen, selbst die Verantwortung für sein Leben zu unternehmen.[226] Die Heilung war ein Weg der aktiven Veränderung das Patienten. Diesen Weg konnte der Patient aber erst dann gehen, wenn es dem Therapeuten gelang, die Welt mit den Augen des Klienten zu sehen. Dieses war vor allem dadurch geprägt, dass der Klient sich vom Therapeuten verstanden fühlte. Der Klient konnte so Einsicht in seine Handlungsweisen entwickeln. Dadurch wurde es ihm möglich, andere Handlungsweisen in Betracht zu ziehen und auszuprobieren. Mit diesem Ausprobieren übernahm er in immer größerem Maße Verantwortung für sein Leben und seine psychische Gesundheit. Diesen Prozess bezeichnete Carl Rogers als „signifikantes Lernen".[227] Signifikant deswegen, weil dieses Lernen mit einer tiefgreifenden Reorganisation der Person des Klienten einherging.

Er übertrug den von ihm entwickelten Ansatz auch auf seine Arbeit mit StudentInnen. 1976 erschien dieses Konzept als Buch: ‚Lernen in Freiheit'. Seine Kernthese war: Signifikantes Lernen,

---
226 Rogers (1942, dt. 1972), S. 36ff
227 Rogers (1976), S. 12

lebendiges Lernen, findet nur dann statt, wenn die StudentInnen in irgendeiner Form Verantwortung für ihr Lernen übernahmen. Notwendig dafür war offensichtlich auch, dass sie selbst bestimmen konnten, womit sie sich auseinandersetzen konnten. Schrieb man ihnen jedoch vor, was sie lernen sollten, so blieb das Lernen oberflächlich, darauf beschränkt, ein gutes Examen zu erzielen.

Die ‚hilfreiche Beziehung'

Carl Rogers hatte schon in seinem therapeutischen Ansatz Aspekte einer „hilfreichen Beziehung" entwickelt. Er hatte sich gefragt, was ist für den Klienten hilfreich? Er begann die Therapeuten-Klienten-Gespräche aufzuzeichnen und schuf damit eine komplett neue Ebene: das therapeutische Gespräch und das Verhalten des Therapeuten wurde transparent. Es ließ sich nachvollziehen, wann und worauf ein Klient positiv reagierte. Rogers konnte so Aspekte herausfiltern, die für einen anderen Mensch hilfreich waren, sich zu entfalten.[228]

Im Rückblick beschreibt er, was seiner Erfahrung nach auf gar keinen Fall behilflich ist:

> „Kein Ansatz, der sich auf Wissen, auf Training, auf die Annahme irgendeiner Lehre verlässt, kann von Nutzen sein."[229]

Aber:

> „Wenn ich eine gewisse Art von Beziehung herstellen kann, dann wird der andere die Fähigkeit in sich selbst entdecken, diese Beziehung zu seiner Entfaltung zu nutzen, und Veränderung und persönliche Entwicklung finden statt."[230]

---
228 Rogers, Carl R. (1976): S. 46
229 Ebenda, S. 46
230 Ebenda, S. 47

Er stellt eine Reihe von Erfahrungen zusammen:

- eine Beziehung ist um so hilfreicher, je ehrlicher ich mich verhalten kann.

Für die Schule übersetzt könnte das bedeuten, dass eine LehrerIn SchülerInnen als Menschen wahrnehmen kann und nicht nur als Deutsch-, Mathe- oder Englisch-Schülerin mit einem bestimmten Leistungsstand. Wenn es wegfällt, immer nur zu kontrollieren, ob das, was gerade dran ist auch gelernt wurde bzw. auch gekonnt wird, wird damit vielleicht der Blick frei für die tatsächlichen Lernbedürfnisse, dafür Kinder oder Heranwachsende so zu sehen, wie sie außerhalb des üblichen Schulklimas sind. Immer wieder stellen LehrerInnen nach Klassenfahrten oder Projekten fest, dass sie ganz andere Seiten an der einen oder anderen SchülerIn kennengelernt haben.

- Die Sicherheit, als Mensch gemocht und geschätzt zu werden, ist anscheinend ein höchst wichtiges Element einer hilfreichen Beziehung.

Die Beziehung LehrerIn-SchülerIn ist üblicherweise sehr von dem Sozialverhalten und dem Leistungsbild einer Schülerin geprägt. In vielen Fällen stimmen mangelndes Sozialverhalten und schlechtes Leistungsbild überein. Hier wird deutlich, wie eng das soziale Verhalten und der Schulerfolg, die Beziehung zwischen SchülerIn und Lehrer zusammenhängen. Gerade dann, wenn eine hilfreiche Beziehung besonders notwendig wäre, ist sie in der Schule systematisch zum Scheitern verurteilt.

- Die Beziehung ist außerdem noch für das Maß bedeutsam, in dem ich den anhaltenden Wunsch verspüre, zu verstehen: ein einfühlendes Eingehen auf alle Gefühle und Mitteilungen des

Klienten in ihrer jeweiligen Augenblicksbedeutung. Akzeptieren bedeutet wenig, so lange es nicht Verstehen enthält.

LehrerInnen sind im traditionellen Unterricht gar nicht empfänglich dafür, auf das zu achten, was SchülerInnen bewegt. Sie sind darauf trainiert, ihre fachliche Planung zu verfolgen. Antworten, die nicht im Sinne der Planung zielführend sind, werden bestenfalls kommentarlos übergangen. Eine richtige Antwort ist erst dann wirklich passend, wenn sie den nächsten didaktischen Schritt der LehrerIn ermöglicht.

Die ‚Befindlichkeiten' der SchülerInnen spielen dabei kaum eine Rolle. Das von Carl Rogers angesprochene individuelle Verstehen ist ganz und gar unwichtig. Wichtig ist, dass die SchülerIn die geplanten Lernschritte versteht, bzw. die LehrerIn den festen Eindruck hat, die SchülerIn habe ihn verstanden - und damit auch in der Vorstellung lebt, ihr Lehren sei erfolgreich gewesen. SchülerInnen leben in der Gefahr, die Akzeptanz der LehrerIn für wichtiger zu nehmen, als das individuell vollzogene Lernen.

Carl Rogers macht sehr deutlich, dass das, was er als ‚hilfreiche Beziehung' bezeichnet nicht nur in der Psychotherapie gilt, sondern immer dann, wenn er etwas tun kann, damit sich ein anderer Mensch entfalten und entwickeln kann. Das bedeutet, dass die ‚hilfreichen Beziehung' auch für die Pädagogik von hoher Bedeutung ist.

Gerade dann, wenn es um einen Paradigmenwechsel geht, wenn offensichtlich ist, dass bisherige Orientierungen nicht den gewünschten Erfolg bringen, kann es von Vorteil sein, sich ein solches Konzept anzusehen um herauszufinden, ob es nicht auch für das neue Paradigma passen könnte.

Carl Rogers über Lehren und Lernen

Carl Rogers stellte eine Reihe von Erfahrungen zusammen, die das Lehren und Lernen betreffen:

   a. [...] Ich habe die Erfahrung gemacht, dass ich einen anderen Menschen nicht lehren kann, wie man lehrt. Es zu versuchen, ist für mich auf Dauer sinnlos.

   b. Es scheint mir, dass alles, was man einen anderen lehren kann, relativ folgenlos bleibt und geringen oder gar keinen Einfluss auf das Verhalten hat. [...]

Carl Rogers fasst seine persönlichen Erfahrungen über Lehren zusammen. Er vergleicht das, was seine Lehrabsicht war mit dem, was er durch Lehren erreicht hat und stellt fest, dass es keine Konsequenzen hat. Es ist die Anwendung der alten Einsicht: ‚Erfahrungen kann man nicht weitergeben - die muss jeder selbst machen.'

   c. Es wird mir zunehmend klar, dass ich nur an einem Lernen interessiert bin, welches das Verhalten signifikant beeinflusst. [...]

   d. Ich bin zu der Überzeugung gelangt, dass das einzige das Verhalten signifikant beeinflussende Lernen das Lernen durch Selbst-Entdecken und Selbst-Aneignen ist.

Mit Selbst-Entdecken und Selbst-Aneignen meint er nicht Nach-Entdecken, Nach-Erfinden. Er meint nicht das vermeintliche selbständige Tun von Schülern, wenn sie selbst zwischen Aufgabe A, B und C wählen können, sondern die selbständige Entscheidung von Schülern für etwas, was sie interessiert, was sie fesselt.

   e. Dieses im eigenen Entdecken Gelernte, die Wahrheit, die persönlich gewonnen und der Erfahrung anverwandelt wurde, kann einem anderen nicht direkt mitgeteilt werden. [...]

Da dieses Lernen spezifisch für diesen einen Menschen ist, der es tut, ein absolut spezifischer Lernvorgang ist, weil das Gehirn eine ebensolche absolut spezifische Lerngeschichte hat[231], ist dieser Vorgang für einen anderen Menschen erst dann von Bedeutung, wenn dieser sich selbst in die Sache vertieft und seinen eigenen Lernweg geht.

    f. Aus all dem wird mir klar, dass ich kein Interesse mehr daran habe, ein Lehrender zu sein.

    g. Wenn ich zu unterrichten versuche, wie ich es gelegentlich tue, erschrecken mich die Ergebnisse, die offensichtlich doch etwas mehr als folgenlos sind, denn das Lehren scheint manchmal erfolgreich zu sein. Sooft das vorkommt, finde ich die Ergebnisse schädlich. Es führt anscheinend dazu, dass der einzelne seiner eigenen Erfahrung misstraut und dass wirklich signifikantes Lernen gehemmt wird. Daher bin ich zu der Meinung gekommen, dass die Ergebnisse des Lehrens entweder unwichtig oder schädlich sind.

Carl Rogers macht hier auf eine Folge des Lehrens aufmerksam, die in der Schulpädagogik kaum Beachtung gefunden hat. Die Jahrelange Erfahrung: ‚Alles was ich nicht weiß, ist der LehrerIn schon bekannt' drückt die Ohnmacht der SchülerInnen aus, die den vorgegebenen Lehrprozessen an der Schule ausgesetzt sind. Lernen bedeutet für sie, die Welt mit den Augen der Lehrerin zu sehen, bestimmte Wahrnehmungen auf deren Weise zu interpretieren und der eigenen Wahrnehmung wenig Wert beizumessen.

    h. Wenn ich auf die Ergebnisse meiner früheren Lehrtätigkeit zurückblicke, scheinen mir die wirklichen Ergebnisse ebendiese zu sein: Entweder wurde Schaden angerichtet oder es passierte nichts Bedeutsames. Dies ist, offen gesagt, beunruhigend.

---

231 Vgl. Waibel: „Jedes Gehirn ist auf Grund seiner Entwicklungsgeschichte einmalig und daher ist auch jede Art zu lernen einmalig."

i. Folglich wird mir klar, dass ich nur daran interessiert bin, ein Lernender zu sein; mit Vorliebe möchte ich Dinge lernen, die von Bedeutung sind, die irgendeinen signifikanten Einfluss auf mein eigenes Verhalten haben.

Rogers zieht daraus die Konsequenz, dass er selbst nicht mehr in der Rolle dessen verharren will, der ‚belehrt' wird. Er möchte selbst lernen, selbst erfinden, selbst erforschen.

j. Ich empfinde es als sehr lohnend zu lernen - in Gruppen, in einer Zweierbeziehung wie in der Therapie, oder allein.

k. Ich finde, dass es für mich eine der besten, aber schwierigsten Methoden ist, zu lernen, indem ich, zumindest zeitweilig, meine eigene Abwehrhaltung aufgebe und versuche, die Art und Weise zu verstehen, wie ein anderer seine Erfahrung sieht und empfindet.

Carl Rogers beschreibt, wie er selbst lernen kann. Wichtig scheint im Buchstaben k, dass er auch von anderen lernen kann, indem er Anteil daran nimmt, wie sie diese Welt erfahren, wie sie denn ihr Leben gestalten und organisieren. Dazu muss er aber die ‚Neugier' auf das Andere in sich zulassen. Er muss die Möglichkeit einkalkulieren, Dinge kennenzulernen, die seinen eigenen Ansichten widersprechen, die unbekannt für ihn sind. Diese Einstellung gesteht die eigene Unsicherheit ein und braucht daher einen besonderen Schutz.

l. Ich finde, dass ich aber auch dadurch lernen kann, dass ich meine eigenen Unsicherheiten feststelle, um so meine Schwierigkeiten zu erhellen und dabei der Bedeutung näher zu kommen, die meine Erfahrung wirklich zu haben scheint.

m. Dieser Prozess des Erfahrens (experiencing) und die Bedeutungen, die ich bislang darin entdeckt habe, haben mich offensichtlich auf einen Kurs gebracht, der sowohl manchmal faszinierend als auch

> manchmal etwas beängstigend ist. Anscheinend bedeutet das, dass ich mich von meiner Erfahrung tragen lasse in eine Richtung, die scheinbar vorwärts ist, Zielen entgegen, die ich nur vage definieren kann, während ich versuche, zumindest die momentane Bedeutung dieser Erfahrung zu verstehen. [...]"[232]

Er stellt auch fest, dass dieses signifikante Lernen einer Seereise mit unbekanntem Ziel ähnelt. Es ist kein Lernen um ein bekanntes Ziel zu erreichen, bei dem ich hinterher derselbe bin, bei dem ich genau so denke wie vorher, sondern ein Lernen, das mich wahrscheinlich selbst verändert ohne vorher angeben zu können wie und in welche Richtung.

Für Carl Rogers - vielleicht auch für andere - habe das diese Konsequenzen:

- Eine solche Erfahrung hätte zur Folge: dass wir das Lehren aufgeben würden. Die Menschen würden sich zusammensetzen, wenn sie lernen wollten

- Wir würden die Prüfungen abschaffen. Sie bewerten lediglich die folgenlose Art des Lernens.

- Die logische Folgerung wäre, dass wir Zensuren und Seminarscheine aus dem gleichen Grund abschafften.

- Wir würden die Titel und Grade als Maß der Kompetenz abschaffen, teilweise aus dem gleichen Grund. Ein weiterer Grund kommt hinzu: Ein Grad markiert das Ende oder den Abschluss von etwas, während ein Lernender sich nur für den fortdauernden Lernprozess interessiert.

---
[232] Rogers (1976), S. 271f

- Es hat vor allem zur Folge, dass alle Dinge, die diesem Lernen in irgend einer Form entgegenstehen, abgebaut werden müssten.

- Das würde bedeuten, dass man die Darlegung von feststellenden Schlussfolgerungen signifikant lernt."[233]

Die Bedeutung dieses Satzes ist mir unklar. Ich verstehe ihn nicht. Er scheint einen Automatismus zu postulieren, der für mich im Widerspruch zu dem steht, was ich aus dem vorher Gesagten meine verstanden zu haben.

Die Punkte a bis c hätten auch für den Offenen Unterricht Relevanz.

Der Punkt a: das Lehren aufgeben wäre erfüllt. Erst dadurch entsteht überhaupt der Freiraum für die Schüler, eigene Lernwünsche wahrzunehmen. In der traditionellen Schule werden sie ja mit Lernaufgaben zugeschüttet. Sie müssen den Lehrplan abarbeiten, eine unendliche Aufgabe.

Der Punkt b: Prüfungen abschaffen ist nicht buchstabengetreu erfüllt. Es gibt keine vergleichenden Prüfungen mehr, kein Schülerranking. Es gibt wohl noch sog. Überforderungstests, mit denen der aktuelle Lernstand und der individuelle Lernfortschritt einer SchülerIn erhoben wird. Es kann gefragt werden, ob diese Informationen den Schülern für ihr Lernen dient, oder der Institution Schule bzw. den Eltern, um einen Nachweis zu führen bzw. um sich selbst zu beruhigen. In Falko Peschels Fall sicher auch um eine verlässliche Grundlage für den Wechsel an eine weiterführende Schule dokumentieren zu können.

Der Punkt c: Zensuren und Seminarscheine abschaffen ist ein Gedanke, der nicht nur im Offenen Unterricht Anklang findet. Vorgeschlagen wird stattdessen ein Portfolio, in dem Lernende

---
[233] Rogers (1976), S. 272

ihr Lernen dokumentieren. Im Offenen Unterricht der Grundschule vielleicht ein problematischer Vorschlag. Célestin Freinet hat in seinen Klassen schon mit Erfolg für die SchülerInnen die individuelle Sammlung von Druckerzeugnissen aus der Schuldruckerei und selbst angefertigten Arbeiten praktiziert. Sie war auch ein handgreiflicher Nachweis für das, was sie - die SchülerInnen - schon alles selbst gemacht haben.

Hier ist wieder Platz für Ihre Gedanken, Fragen, für eigene Erfahrungen zum Kapitel Rogers und der Offene Unterricht, für Zustimmung, für Ablehnung, ...

Wenn Sie möchten, können Sie mir das, was sie aufgeschrieben haben, auch zumailen: juergen@goendoer.net

Leistungsmessung

Traditionell

In der traditionellen Schule wird die Schüler-Leistung vergleichend gemessen. Es wird SchülerIn A mit SchülerIn B und allen anderen SchülerInnen in der Klasse verglichen. Alle haben den gleichen Lehrstoff durchgenommen, alle den gleichen Lehrinput durch die LehrerIn erhalten. Alle hatten also gleichermaßen die Möglichkeit den Lehrstoff zu lernen. Es liegt also nahe zu messen, wie gut jede SchülerIn dieses Ziel erreicht hat. Es werden für alle am gleichen Termin die gleichen Aufgaben gestellt. Manchmal kommt es vor, dass für zwei oder mehrere Gruppen in der Klasse auch vergleichbare Aufgaben gestellt werden. Die Bewertung vergleicht, ob und in welchem Maße die SchülerInnen die Erwartungen der AufgabenstellerIn erfüllt haben. Nach einem von der AufgabenstellerIn festgelegtem Schema - z.B. Punkteschlüssel - wird dann das, was die SchülerIn als ‚Leistungsnachweis' abgegeben hat nach gleichen Maßstäben bewertet - ‚verobjektiviert' - und in einer Note zusammengefasst. Die Aufgaben betreffen den ‚Stoff', der in der Zeit vor dieser Leistungsfeststellung ‚durchgenommen', d.h. gelehrt worden ist. Der größere Teil der Aufgaben bezieht sich nur auf Wissen. Erfasst wird jedenfalls nur, ob sie die gestellten Aufgaben, die sich auf den gelehrten Stoff beziehen, verarbeiten können.

In nicht wenigen Fällen scheitern SchülerInnen auch schon daran, dass sie die Aufgabenstellung nicht verstehen. Sie können aus dieser nicht entnehmen, was die eigentliche Frage ist. In manchen Fällen wird dann die Beantwortung einer Rückfrage abgelehnt, weil die Aufgabenstellung ja für alle gleich sein soll oder weil eine Antwort ja den entscheidenden Hinweis auf die Lösung darstellen würde. Das richtige Verstehen der Aufgabenstellung ist also ebenfalls Bestandteil eines Leistungsnachweises.

Bei der Bewertung gibt es unter den LehrerInnen verschiedene Auffassungen. Werden ‚richtige Teilleistungen' angerechnet oder zählt nur das ‚richtige Ergebnis'? Führen Fehler - und wenn ja welche Form von Fehlern, wie viele Fehler - zur Abwertung - und wenn ja, wie stark? Untersuchungen - selbst bei Matheaufgaben - haben ergeben, das die gleiche Arbeit von verschiedenen LehrerInnen mit Noten aus der ganzen Notenskala bewertet wurde. Natürlich ergaben sich bei einer bestimmten Note Häufungen. Und es gibt auch Untersuchungen die belegen, dass LehrerInnen einer Klasse oder einer Schule ähnlicher bewerteten als LehrerInnen aus verschiedenen Klassen bzw. von verschiedenen Schulen

Diese Note gibt nicht die ‚Leistung einer SchülerIn' wieder, sie gibt lediglich wieder, wie die Leistung einer Schülerin zu einem bestimmten Zeitpunkt im Vergleich zu den anderen SchülerInnen in der Klasse ist.

Die Aufgaben erfassen immer nur einen bestimmten Bereich eines Stoffes - den Bereich, von dem die LehrerIn meint, er sei typisch bzw. die Aufgaben würden Aufschluss darüber geben, ob der durchgenommene Stoff verstanden worden ist. Zentrale Aufgabenstellungen, z.B. bei Vergleichsarbeiten, scheinen diese Form der Auswahl zu begünstigen, weil ja alle Schüler dieses Stoffverständnis an den gleichen Aufgaben zeigen sollen. Die Aufgaben müssen also so gefasst werden, dass diese Anforderung erfüllt werden.

Manche LehrerInnen verwenden Aufgaben, die schon im Unterricht bearbeitet wurden oder diesen ähneln. Andere verwenden Aufgaben, die keine SchülerIn kennt. Es gibt für die LehrerInnen die Möglichkeit eine Leistungsüberprüfung mit leichten oder schweren Aufgaben durchzuführen. Indirekt wird damit auch das Niveau belegt, auf dem die LehrerIn unterrichtet bzw. auf dem die Klasse lernt. Dieser ‚Ehrgeiz' kann Glück - weil viel gelernt werden kann oder auch Pech bedeuten - weil eine SchülerIn dem geforderten Niveau nicht genügt.

Egal wie - für die SchülerInnen ist es oft eine schweißtreibende Stresssituation. Es wird also auch nebenbei getestet, ob und wie SchülerInnen mit Stresssituationen umgehen können und ob sie unter Stress auch fähig sind, an sie gestellte Anforderungen zu bewältigen. Wer gar den berüchtigten ‚black-out' hat, hat Pech gehabt.

Es spielt auch keine Rolle, ob SchülerInnen sich schon ‚bereit' fühlen, sich einer solchen Leistungsüberprüfung zu unterziehen. Es wird nicht gefragt, ob sie selbst der Meinung sind, den Stoff richtig zu können. LehrerInnen verweisen gerne auf die physikalische Leistungsformel: ‚Leistung ist Arbeit durch Zeit'. Manchmal wird auch auf die Olympischen Spiele im alten Griechenland verwiesen. Ein Athlet, der hier am Ort der Spiele nicht so erfolgreich war, verwies auf seine Leistungen zu Hause, in Rhodos. Die Antwort war: ‚Hier ist dein Rhodos!'

An manchen Schulen werden die Termine für die Leistungsüberprüfungen auch zentral festgelegt, damit es nicht zu Häufungen von solchen Terminen in einer Klasse kommen kann. Damit sind sie abgekoppelt von der Einschätzung der LehrerIn, wann die SchülerInnen einer Klasse soweit sind, oder ob doch noch mehr geübt werden muss.

In Schulen mit Parallelklassen werden oft die gleichen Aufgaben in verschiedenen Klassen verwendet, um ein gleiches Leistungsniveau zu garantieren. Über den ganzen Jahrgang hinweg werden Kinder nach Aufgabenstellungen beurteilt, die noch nicht einmal von der LehrerIn gestellt wurden, die die Kinder unterrichtet hat, die weiß, welche Stärken oder Schwächen ein bestimmtes Kind hat. In manchen Schulen wird auch der Stress noch zusätzlich erhöht, indem die SchülerInnen den Leistungsnachweis in einem Großraum erbringen müssen. Auch die vertraute Umgebung des Klassenraums fällt weg.

Walter Hövel hat einmal geschrieben:
> Vielerschulorts wird Englisch nicht gelehrt, um die Sprache zu können, sondern um Englischklassenarbeiten schreiben zu können."[234] In einer Mailingliste fragte eine LehrerIn für eine Klausur: „Bisher haben wir über Erziehung, Erziehungsziele (vor allem Mündigkeit), Erziehungsstile und Kommunikation gesprochen. ... Sowohl pädagogische Institutionen (Kindergarten) als auch Erziehung in den 50er Jahren oder interkulturelle Erziehung scheinen mir, so wie sie im Phoenix besprochen werden, keine gute Grundlage für eine Klausur zu bieten. ... Worum ich hier also bitte sind Vorschläge für ein Thema zu dem man gut eine Klausur stellen kann (und gerne auch einen Klausurvorschlag zu dem Thema)."[235]

Wenn man sich dieses Prozedere vor Augen hält, das ja nicht nur im Englischunterricht immer wieder abläuft, fragt man sich wirklich, was da eigentlich vor sich geht. In welcher Rolle tritt hier die Schule den SchülerInnen gegenüber? Wie legitimiert Schule dieses - zumindest von der dritten Klasse an - durchgeführte Ritual? Wirklich mit der Aufgabe der Leistungsfeststellung? Oder gar mit der banalen Frage: ‚Wie soll es denn sonst gehen?' Nimmt Schule wirklich in Kauf, dass viele Schüler die Noten von Klassenarbeiten verheimlichen, weil sie sich vor ihren Eltern schämen oder auch, weil sie nicht wollen, dass ihr ‚nichts tun' offenbar wird. Angesichts einer Note wird in der Regel nicht mehr hinterfragt, welche Gründe die ‚Minderleistung' hat. Aus der Sicht der LehrerIn ist es meist sowieso klar: ‚Hat zu wenig getan!' Die Marschroute für die Zukunft auch: ‚Muss sich mehr anstrengen!' Die Note selbst ist fast unantastbar - sie liegt ja als das Ergebnis der Leistungsüberprüfung vor. Daran ist kaum etwas du deuten. Wenn die Note vorliegt kann man auch schlecht über das System der stattgefundenen Leistungsüberprüfung rechten.

---

234 Hövel, Walter (2008), S. 64
235 (2011): E-Mail-Liste schulfach pädagogik bei de.yahoo.com

Wenn man über Noten und mögliche Alternativen diskutiert, stößt man auf verschiedene Argumente: ‚Die Schüler wollen es ja selbst!' Gegenfragen: Welche SchülerInnen wollen diese Form der Leistungsüberprüfung? Kennen die SchülerInnen Alternativen? Ist ihnen bewusst, welche lebenslangen Konsequenzen Noten auf einem Zeugnis haben? Ist ihnen klar, dass Noten scheinbar objektiv gewonnen, aber auch das Ergebnis sozialer Auslese sind? Oder dass über Noten SchülerInnen, die bestimmte Merkmale auf sich vereinigen, systematisch von Bildung fern gehalten werden?[236] Wissen sie, dass SchülerInnen, die bestimmte andere Merkmale auf sich vereinigen, wesentlich weniger dafür tun müssen, um z.B. auf das Gymnasium zu kommen? Dass es dort auch SchülerInnen gibt, die von ihrem Leistungsvermögen an einer Hauptschule sein sollten? Oder das sie mit ihrem Leistungsvermögen in der Hauptschule falsch einsortiert worden sind und locker am Gymnasium bzw. der Realschule mitmachen könnten?

Wissen ihre Eltern das auch?

Urs Ruf und Peter Gallin aus der Schweiz stellen fest: „dass die Lehrerin unter fast jede Schülerarbeit ihre qualifizierenden Bildstempel setzt." Wenn „bei den Kindern der Eindruck entsteht, ihr Tun und Lassen im Unterricht sei beliebig, es habe keine - oder noch schlimmer - eine unberechenbare Wirkung[237]" dann erzeuge die LehrerIn so letztlich Desinteresse am Lernen und Unklarheit über den Sinn von Unterricht. Aus dem gleichen Denken entsteht auch der Umgang mit Fehlern: ‚Es dürfe nichts Falsches stehen bleiben.' Fehler müssen grundsätzlich - möglichst sofort - berichtigt werden.[238] LehrerInnen sehen Leistungsüberprüfungen vermeintlich als Gelegenheiten für SchülerInnen ihr Wissen zu präsentieren und zu erfahren, ob die es in den ‚Transferfragen' auch richtig anwenden können. Ob <u>SchülerInnen wirklich</u> bei Leistungsüberprüfungen z.B. an der Tafel in

---
[236] Aregger (2008), hier Feuser, Georg, S.
[237] Ruf, Urs; Gallin, Peter (1998): nn
[238] Vgl. Peschel (^{2}2006): S. 146

Bezug auf den Lerngegenstand ihr Wissen präsentieren können, ist gar nicht untersucht. Auch nicht, ob sie es bei den sog. Transferfragen auch wirklich auf andere Bereiche anwenden können. Es scheint eher ein Stresstest zu sein. Durch die Benotungsskala wird auch immer der Eindruck erzeugt dass nur sehr gute oder gute Leistungen wirklich zählen.

Alternativ im Offenen Unterricht

Die Methode Leistungsmessung: sich nicht auf den Vergleich zwischen Kindern sondern auf den Lernfortschritt jedes einzelnen Kindes zu beziehen, ist zwar keine Novität, aber vollkommen ungebräuchlich. Dieses Verfahren aber durchgängig ersetzend im Unterricht von Schule anzuwenden ist dagegen schon eine Novität.

Entscheidend ist die Frage, was mit der Leistungsmessung gemessen werden soll. Geht es um eine Bewertung und Berichtigung dessen, was eine SchülerIn im Unterricht erarbeitet hat oder ist es ein Prozess des Vorstellens der eigenen Arbeit und die Reflektion zusammen mit anderen über dieses Arbeitsergebnis?

Es muss auch gesehen werden, dass eine Bewertung intrinsischer Arbeitsergebnisse nach extrinsischer Leistungserwartung in der Schule genauso kontraproduktiv ist wie ein Entlohnungssystem auf Stücklohnbasis in einer Teamarbeitstruktur in einem Betrieb.

Wird ein Mensch - und erst recht ein Kind - bei punktuellen Gelegenheiten immer wieder an einem absolut erscheinenden Maßstab gemessen, z.B. der mittleren Leistungsfähigkeit in einer Lerngruppe, bekommt es zumeist immer wieder bescheinigt, dass es selbst nicht so gut wie die Besten ist. Aus solch punktuellen Bewertungen wird ein durchschnittliches und kaum angreifbares Leistungsurteil errechnet. Das Kind ‚ist' dann diese Bewertung.

Nimmt man jetzt noch dazu, dass dieses Leistungsranking in der Schule jedoch auch noch von leistungsunabhängigen Faktoren beeinflusst wird, lässt sich aus Schülersicht diese Ungerechtigkeit zwar nicht belegen bzw. nachweisen, aber das Gefühl, selbst nicht richtig bewertet worden zu sein, dass die eigene Leistung, das eigene Können nicht richtig erfasst worden ist, ist eine Quelle für Unzufriedenheit. Kyburz-Graber berichtet, dass Gymaniasten diesen Mangel der traditionellen Leistungsmessung sehr deutlich formuliert haben: „Nicht zufrieden waren die Schüler/innen mit den traditionellen Formen der Prüfungen. Selbstbewusst schätzten einige von ihnen ihr selbst erworbenes Wissen als umfassender und tiefer ein, als es von ihnen in der Leistungsüberprüfung gefordert wurde."[239]

Falko Peschel sieht dagegen Leistungsbewertung als „einen gemeinsamen Prozess ‚von unten' statt als Vorgabe ‚von oben'".[240] Dadurch, dass die Kinder ihre Arbeiten im Kreis der MitschülerInnen vorstellen und mit ihnen über sie diskutieren, „sind die Kinder Beurteilungen gewohnt und entwickeln ein sehr genaues Gefühl für die richtige Bewertung von Leistungen - und zwar eines, das sowohl der individuellen Entwicklung als auch dem Anspruch der Leistungsnorm gerecht wird."[241] Eben weil eine Leistung nicht absolut gesehen und über das Kind gesetzt wird (Also bei mir in Englisch ist sie/er sehr gut!), eben weil sie nicht die Kinder zu einem bestimmten Zeitpunkt alle miteinander vergleicht, eben weil diese ‚festgestellte' Leistung dann nicht entscheidend ist, können Kinder zu Leistungsbewertungen ein ganz anderes Verhältnis entwickeln.

239 Kyburz-Graber (2008): S. 176
240 Peschel (²2006): S. 147
241 Ebenda: S. 147f

"Die Kinder tauschen sich von Anfang an über ihre Produkte und ihre ‚Tagesleistungen' aus, schätzen ihre Leistungen selber ein und fordern auch von anderen Bewertungen ein - wenn sie das wollen. Im dritten bzw. vierten Schuljahr können zusätzlich zur verbalen Einschätzung auch Ziffernnoten vorgeschlagen werden. Am besten äußert sich zuerst der ‚Produzent' reflektierend über sein Werk und formuliert eine Noteneinschätzung. Dann nimmt er selbst andere Kinder dran, die sich zu seiner Arbeit konstruktiv-kritisch und benotend äußern wollen. Zum Schluss kann dann eine Notenabstimmung durch alle Zuhörer erfolgen. In der Regel wird die Benotung der Kinder so zutreffend sein, dass sie vom Lehrer problemlos mitgetragen bzw. übernommen werden kann."[242]

Ein weiteres Instrument sind die von Falko Peschel vorgeschlagenen ‚Überforderungstests'. Es werden Aufgaben zusammengestellt, die sowohl ganz einfach und damit auch von den schwächsten Kindern gelöst werden können, sowie auch ganz schwer und so für die stärksten Kinder nicht lösbar sind. Auf diese Weise lässt sich feststellen, bis in welchen Bereich ein Kind Aufgaben lösen kann und somit kann im Laufe der Zeit durch Wiederholung der Überforderungstests auch herausgefunden werden, ob und wie sich die Leistungsfähigkeit des Kindes verändert. Es geht dabei eben nicht um den gerade durchgenommenen Stoff und es geht auch nicht um den Vergleich der Kinder untereinander, sondern darum, ob sich das Können eines Kindes seit dem letzten Test verändert hat oder nicht.

Ein ähnliches Instrument sind die sog. Normtests. Im Bereich Schreiben wurde z.B. die ‚Hamburger-Schreib-Probe' von Peter May eingesetzt[243]. Sie ermöglicht den Vergleich der Lerngruppe mit einer bundesweiten Stichprobe. Die übliche Klassenarbeit erlaubt nur den Vergleich der Kinder auf Klassenebene.

---
242 Peschel (^{2}2006): S. 148
243 Vgl. Peschel (^{2}2006): S. 574

Um eine Veränderung der Leistung feststellen zu können, braucht Falko Peschel natürlich eine Einschätzung der Startbedingungen.

Im Bereich Schreiben gehen die Kompetenzstufen der Kenntnisse von ‚keine oder nur sehr geringe Vorkenntnisse' in sechs Stufen über ‚kann mehrer Wörter malen und 6 - 10 Buchstaben schreiben' bis zu ‚kann Wörter lautgetreu schreiben'. Falko Peschel arbeitet nach einem Modell der Schreibentwicklung in sechs Phasen von Hans Brügelmann und beginnt mit dem ‚Fünf-Wörter-Diktat', welches alle zwei Monate durchgeführt wird. Am Ende der ersten Klasse ersetzt er es durch das ‚Neun-Wörter-Diktat'. Ab diesem Zeitpunkt setzt er auch die ‚Hamburger-Schreib-Probe' ein.[244] Diese verwendet keine Worte des Grundwortschatzes und erlaubt dadurch „Rückschlüsse auf die Rechtschreibkompetenz der Kinder."[245] Es werden jedoch nicht Wortübungen durchgeführt oder Regeln eingepaukt. Das Rechtschreibenlernen wird nicht für sich geübt. Dadurch, dass die Kinder das lesen und schreiben können was ihnen wichtig ist, dadurch, dass ihre Fehler nur dann korrigiert werden, wenn die das wollen, erfolgt das Rechtschreibenlernen sozusagen nebenbei. Es wird aber auch deutlich, wie Kritik - und wenn sie nur vom Bruder kommt - einem Kind das Lernen vergällen kann und dieses Kind - hier das Verschriften - fast ganz einstellt.[246]

Beim Lesen ist Falko Peschel zu dem Ergebnis gekommen, dass „der völlige Verzicht auf irgendwelche Leseübungen, die Kinder in unseren Klassen nahezu allesamt zu Viellesern gemacht hat."[247] Die Leselust scheint gerade deshalb so ungebremst, weil die Kinder keine ‚Negativerfahrungen' mit den normalen Techniken der Leseförderung gesammelt haben: Es gab kein Lesen in der Fibel, keine Unterbrechungen an interessanten Stellen,

---
244 Vgl. ebenda: S. 577
245 Ebenda: S. 589
246 Vgl. Peschel (^{2}2006): S. 431
247 Ebenda, S. 204

kein Abbrechen vor dem Schluss. „Die Texterschließung muss nicht den Vorstellungen anderer folgen, sondern wird selbstgesteuert, die Eigendynamik des Textes wird nicht gebrochen und kann so ihre ganze Motivation entfalten."[248] Im ersten Schuljahr gab es überhaupt keine Pflicht einen Text laut vorzulesen. Ab dem zweiten Schuljahr haben die Kinder „selbst Kriterien zur Einschätzung der Lese- bzw. Vorleseleistung entwickelt und sich beim Vorlesen unbekannter Textpassagen diesbezüglich gegenseitig eingeordnet."[249] Wichtig war ihnen sinnentnehmendes, flüssiges und betontes Lesen.[250] Zusätzlich standen der standardisierte Hamburger Lesetest ‚HAMLET', der Schnelllesetest ‚Wort Test 040' einer dänischen Forschergruppe sowie die Würzburger ‚Leise Leseprobe' zur Verfügung.

Für das Vorstellen von Texten gab es den Kreis, um eigene Produktionen als Forschervortrag oder Geschichte vorzutragen. Falko Peschel unterscheidet das von Schreibkonferenzen. Dort gibt es feste Termine und vorgegebene Rituale, z.B. für die Überarbeitung der Textproduktionen. Er ist der Auffassung, dass Schreibkonferenzen zu einschränkend sind. Das ‚freie Schreiben' animiert das Überarbeiten, die Präsentation und das Feedback bei den Kindern automatisch. Es „ist keine Sache, die inszeniert werden muss."[251]

Auch für das Erlernen von gammatikalischen Strukturen lehnt Falko Peschel einen regelrechten Grammatikunterricht ab. Durch das explizite Erlernen von Grammatikregeln wird seiner Meinung nach die Entwicklung des Sprachgefühls eher beeinträchtigt. Dieses Gefühl der Kinder ist nicht abhängig davon, ob - wie bei der Rechtschreibung - die Regeln auf logischen Ableitungen oder auf willkürlichen Vereinbarungen beruhen. Entscheidend ist, dass die Kinder eine ‚unbewusste Sensibilität'

---
[248] Ebenda, S. 204
[249] Ebenda, S. 205
[250] Vgl ebenda, S. 205
[251] Vgl. Peschel (^{2}2006): S. 207

herausbilden. „Auf jeden Fall sollte ein formaler Grammatikunterricht vermieden werden und stattdessen eine situativ eingebettete Auseinandersetzung erfolgen. Immer wenn die Texte der Kinder individuell oder in den gemeinsamen Gesprächen reflektiert, Alternativen zu Wiederholungen gesucht, treffende Wörter ausprobiert, Groß- und Kleinschreibung hinterfragt und Satzzeichen angesprochen werden, findet auch eine intensive (unauffällige) Beschäftigung mit Grammatik statt."[252]

Der konsequente Verzicht auf „das Einführen von Buchstaben, das Üben von Grundschatzwörtern, das Auswendiglernen von Rechtschreibregeln, das Eintrainieren des Zusammenschleifens beim Vorlesen, das Motivieren zum Geschichtenschreiben" ermöglicht es, „dass jedes Kind genau seinem Entwicklungsstand gemäß Schreiben und Lesen lernen kann ... vom ersten Tag an Eigenverantwortung für sein Lernen übernehmen muss."[253]

> „Mathematik gilt als Fach, in dem der Lehrgangsunterricht als unverzichtbar erscheint. ‚Selbst in Klassen, in denen es alternative Unterrichtskonzepte wie z.B. eine Kultur mathematischer Erfindungen oder Projekte gibt, existiert in der Regel nebenher ein mathematischer Lehrgang.'"[254]

Der ‚offene Mathematikunterricht' verzichtet dezidiert auf jeden Lehrgang bzw. die entsprechende Steuerung durch den Lehrer. Er geht davon aus, dass die Selbststeuerung durch die Kinder selbst effektiver ist als jede Fremdsteuerung.[255] Gemessen wurde die Leistung der Kinder in Mathematik mit einem von Falko Peschel selbst entwickelten ‚Überforderungstest', der halbjährlich durchgeführt wurde und Aufgaben aus allen vier Schuljahren umfasste - ab der dritten Klasse auch Aufgaben aus dem

---
252 Ebenda, S. 210
253 Ebenda, S. 213f
254 Peschel (22006): S. 629
255 Vgl. ebenda, S. 629

fünften Schuljahr enthielt.[256] Als Normtests wurden der Schweizer Rechentest und der Allgemeine Schulleistungstest für 4. Klassen AST 4 verwendet. Am Ende der vierten Klasse wurde eine TIMSS-Nacherhebung für den Grundschulbereich durchgeführt und schneidet als Beste der getesteten Klassen ab.[257] Die Ergebnisse zeigen, dass die Kinder immer schon Aufgaben lösen können, die erst im kommenden Schuljahr ‚dran' sind. Der Vorsprung der Kinder beträgt rund eineinhalb Schuljahre. Es ist davon auszugehen, dass sich nicht nur die Klasse allgemein, sondern auch die schwachen SchülerInnen überdurchschnittlich entwickelt haben.[258] Und das auch ohne jeden Lehrgang und ohne lehrergesteuerte Übstunden.

Was heißt das mit Blick auf die Kinder?

Das verblüffende Ergebnis des Offenen Unterrichts, der im traditionellen Sinn gar kein Unterricht ist: Trotz der fehlenden Lehrertätigkeit im herkömmlichen Sinn - es findet kein belehrender Unterricht statt, es gibt keine Lehrgänge, es wird nicht geübt - entwickelt sich das Lernen der Kinder ‚über dem Durchschnitt'. Genau genommen darf man nicht sagen: ‚trotz' sondern: ‚weil'. Genau die Tätigkeit, die LehrerInnen üblicherweise tun - nämlich (be-)lehren, hindert offensichtlich Kinder massiv daran zu lernen.

Die Leittragenden dieses Belehrens sind erstaunlicher Weise nicht die ‚starken', sondern die ‚schwachen' SchülerInnen. Sie müssen sich nicht nur mit dem jeweiligen fachlichen Problem herumschlagen, sondern auch noch den extra wegen ihnen gewählten Lernweg kleinster Schritte verfolgen. Gerade weil sie

[256] Vgl. ebenda, S. 630
[257] Vgl. ebenda, S. 644
[258] Vgl. ebenda, S. 645

Schwierigkeiten haben, konkrete Vorgaben zu erfüllen, bereitet ihnen das kleinschrittige Lehr-Lernen besondere Probleme. Sie sind so damit beschäftigt, den Anforderungen des Lehrers zu folgen, dass für das, was sie lernen sollen keine Kapazität mehr vorhanden ist. Statt der Gängelung durch die LehrerIn bräuchten sie einfach Ruhe, um ihrem eigenen Verstehen Raum zu geben.

Manfred Spitzer würde vielleicht sagen, man müsse das Gehirn einfach nur machen lassen, denn in Sachen Lernen kann man seine Arbeit nur vermurxen. Nicht, dass das Gehirn schneller oder einfacher oder gar besser lernen könnte. Nein - es kann nur so lernen, wie es gebaut ist. Es braucht die Freiheit und die Zeit, genau diesen seinen Weg zu gehen. Jeder andere ist offensichtlich eine Sackgasse oder ein fürchterlicher Umweg. Das gilt scheinbar gerade dann, wenn sich das Gehirn - aus welchen Gründen auch immer - von sich aus mit dem Lernen schwer tut. Es in diesen Fällen auch noch zu zwingen, in einer (fremd-)bestimmten Weise zu arbeiten, ist wohl das Falscheste, was man tun kann.

Campus, ein Begleitheft der Zeitschrift ‚Die Zeit' hatte im Juli/August 2011 als Titelgeschichte: „Ich will mich nicht vergleichen".[259] Der Untertitel lautete: „Wer immer schaut, was andere besser machen, wird irgendwann verrückt." Gefragt wurde: „Wie man dem *Konkurrenzdruck* entkommt." Gefragt wurden StudentInnen. Es gäbe

> „drei Arten des Sich-Vergleichens: erstens den Vergleich mit anderen; zweitens den Vergleich mit einem objektiven Standard; drittens den Vergleich mit sich selbst - zu einem früheren Zeitpunkt. [...] Wer den Vergleich mit anderen sucht kann keine Verbesserung an sich beobachten."[260]

Das wirklich Unangenehme sei aber das verglichen werden. „'Das ist wie ein Wettstreit, und man hat Angst zu verlieren [...]

---

[259] Bender, Justus; Achtnich, Leonie (2011) S. 22 - 27
[260] Bender (2011), S. 26

Vergleicht man sich, besteht immer die Gefahr schlecht abzuschneiden, und keiner schneidet gerne schlecht ab."[261] Wird man verglichen, ist man nur Opfer. Der Vergleich stellt fest, das ein anderer zunächst einfach nur anders ist, durch die Bewertung, die in der Schule ständig stattfindet, wird aber so ein besser und schlechter daraus. Es zählt nicht mehr, was ich (schon oder noch nicht) kann, sondern nur noch der Unterschied zu dem was andere (schon oder noch nicht) können. Deswegen werden die einen Streber genannt, weil ihr Niveau nicht erreicht wird und als cool gilt, wer die (mangelhafte oder ungenügende) Klassenarbeit demonstrativ zerknüllt und in den Papierkorb schmeißt. Beide Reaktionen haben das gleiche Ziel: sich diesem Vergleich zu entziehen.

Selbst Johanns Brahms und große Dichter und Denker leiden unter Selbstzweifeln, halten sich für klein.[262] Paul Sartre formuliert: „Die Hölle, das sind die anderen."[263] Diese Hölle muten wir unseren Kindern tagtäglich in der Schule zu - ob sie wollen, oder nicht: sie werden ständig mit allen anderen in der Klasse verglichen. Sich selbst für klein halten, mangelndes Selbstvertrauen, sich selbst nichts zutrauen - das ist der Preis, den die Erwachsenen ohne mit der Wimper zu zucken bezahlen. Ihre Eltern haben ihn ja auch bezahlt - und in fast allen Köpfen ist es eben so in der Schule. Es scheint überall so zu sein - es gibt keine Alternative. Oder doch?

---

261 Ebenda, S. 26
262 Kerbursk, Simon (2011): S. 28
263 Ebenda

Hier ist wieder Platz für Ihre Gedanken, Fragen, für eigene Erfahrungen zum Kapitel Leistungsmessung, für Zustimmung, für Ablehnung, ...

Wenn Sie möchten, können Sie mir das, was sie aufgeschrieben haben, auch zumailen: juergen@goendoer.net

Lernen III

Lernen wird im Zusammenhang mit Konzepten des Lehr-Lernens als unmittelbare Folge der Lehrtätigkeit gesehen. Wenn die LehrerIn etwas lehrt, so muss bei den Schülern Lernen einsetzen. Aufgaben die im Anschluss an das Lehren gestellt werden, sollten von den Schülern gelöst werden können - sonst haben sie eben nicht genug aufgepasst. Entsprechend zeitnah finden dann auch sog. Leistungsüberprüfungen - mündliche Abfragen, Tests, Klassenarbeiten - statt, die LehrerInnen und SchülerInnen eine Rückmeldung darüber geben sollen, ob und wie gut gelernt worden ist.

Abgesehen von allen Problemen dieser ‚Leistungserfassung' im traditionellen Unterricht, gibt es im Zusammenhang mit dem Offenen Unterricht eigene ungelöste Fragen.

Der Offene Unterricht setzt ja nicht auf Lehrgänge oder gemeinsames, gleichschrittiges Lernen. Jede SchülerIn lernt das was ihr wichtig erscheint erst dann, wenn es ihr wichtig erscheint. Es kann so zwar zu einem bestimmten Zeitpunkt eine ‚Klassenarbeit' angesetzt werden - nur einen gemeinsam erarbeiteten Stoff gibt es dann nicht. Ganz nebenbei: es lässt sich auch kein Unterricht im traditionellen Sinn beobachten - jede Schülerin arbeitet ja an etwas anderem.

Aber von solchen Nebensächlichkeiten einmal abgesehen, im Offenen Unterricht zeigt sich auch, dass Lernen nur im Ausnahmefall so zu funktionieren scheint, wie es der traditionelle Unterricht voraussetzt. Ohne diesen äußeren Zwang funktioniert Lernen - zumindest so, wie es sich beobachten lässt - ganz anders.

Lernen an der Grundschule Harmonie in Eitorf

Walter Hövel beschreibt, dass ein Teil der SchülerInnen tatsächlich so arbeitet, wie man es sich für den Offenen Unterricht erhofft: Sie lernen selbständig. Schön und gut. Aber eben nicht alle SchülerInnen!

> „Wir lernten, dass ein Kind nach einem Jahr noch immer nicht lesen konnte, aber dann aus den großen Ferien zurückkam und jedes Wort der Welt lesen konnte. Wir lernten, dass einige nicht schreiben wollten, weil sie das Schreiben und das Lesen nicht sofort beherrschten. Wir lernten Prozesse zu begleiten, nicht, um ihnen das Lesen beizubringen, sondern um sie zum Durchhalten, zum Finden der eigenen Lernstrategie zu motivieren. Ein anderes Kind begann Texte abzuschreiben, obwohl wir das für eine mittelalterliche Klostertechnik halten. Aber sie brachte sich so nicht nur das Lesen und Schreiben perfekt bei, sondern entwickelte auch eine tolle Handschrift in einer sehr guten Rechtschreibung. Da war ein Junge, der drei Jahre nur Bücher las, um im letzten Jahr mal eben alles ‚nachzuholen', was Schule an Können verlangt. Da gibt es Kinder, die erst nach einem Jahr wirklich anfangen zu arbeiten. Da gibt es welche, die erst anfangen konnten, als wir darauf kamen einen individuellen ‚Beziehungsplan (Für jede Stunde legten wir mit ihm fest, wer mit ihm arbeiten und spielen sollte. Nach 14 Tagen legte er den Plan weg und konnte arbeiten) zu machen. Andere begreifen, dass sie nicht für das Streiten und Auseinandergehen der Eltern verantwortlich sind. Sie konnten ihre Verzweiflung und Lernlähmung ablegen und sich an der eigenen Arbeit erfreuen. Andere brauchten für sich und ihre Arbeit ein Zelt im Klassenraum, einen kleinen Raum auf dem Dachboden. Andere wechselten die Klasse. Andere brauchten über einen längeren Zeitraum die direkte Verabredung ihrer täglichen Arbeit mit der Lehrerin. Andere brauchten Schulbegleiter, einen Aufenthalt in einer medizinischen Betreuung oder einfach Freunde und Mitarbeiter, bei deren Findung der Klassenrat half."[264]

---
[264] Hövel, Walter (2011): S. 9

Lernen im Offenen Unterricht

Diese Erfahrungen von Walter Hövel decken sich mit den Beobachtungen von Falko Peschel.

Bei Fedor hängt die ‚Begeisterung', die er für die Schule aufbringt wahrscheinlich sehr von der familiären Situation ab - lange Zeit ist es unklar, ob die Familie nach Bosnien ‚zurückgeführt' wird und ob Fedor seine Grundschulzeit in Deutschland abschießen kann. Dementsprechend lassen auch seine Leistungen nach. Im zweiten Halbjahr ist diese Frage für Fedor positiv entschieden und er kann seine Leistungen erheblich steigern.[265]

Michael rechnet schon in den ersten Schulwochen im unbegrenzten Zahlenraum. Buchstaben lernt er - genau wie Lesen - beiläufig. Rechtschreibung kann er. Aber er kann nicht stillsitzen. Das führt dazu, dass er die sechste Klasse - wie Falko Peschel anmerkt: als Hochbegabter - wiederholen muss.[266]

Bei Nathalie ist Lernen stark abhängig vom Interesse für ein Lerngebiet. Im ersten halben Jahr interessiert sich Nathalie wenig für schulische Inhalte. Buchstaben und Zahlen malt sie. Dann kann sie vor den Weihnachtsferien aber ‚plötzlich' schreiben. Im dritten Schuljahr achtet sie vor allem mit Erfolg auf Rechtschreibung. Im Bereich Mathematik lassen sich ebenfalls „Lernsprünge, Rückschritte und Verinnerlichungen"[267] beobachten.

Bei Pia weist Falko Peschel darauf hin: „Leider hat Dir in den Ferien mal jemand gesagt, dass Du nicht richtig in Erwachsenenschrift schreibst. Das fandest Du blöd, weil das ja auch nicht stimmt. Dann warst Du sauer und hast nicht mehr gerne geschrieben, obwohl Du so gut schreiben kannst. Du hättest demjenigen das einfach mal erklären sollen, dass Du dafür schon alle Wörter der Welt schreiben kannst und die Erwachsenenschrift

---
265 Peschel (^{2}2006), S. 396ff
266 Ebenda, S. 417ff
267 Ebenda, S. 427

dann sowieso ganz automatisch lernst."²⁶⁸ Ähnlich - auch mit einem deutlichen Einbruch - muss dass beim Lesen verlaufen sein. Auch hier vermutet Falko Peschel einen entsprechenden Kommentar von außen.²⁶⁹ Auch in Mathematik gibt es bei Pia Motivationseinbrüche. Mangels einer besseren Erklärung führt Falko Peschel diese auf Pias Bequemlichkeit zurück.²⁷⁰ Ohne eine Theorie, die Lernen, so wie es oben beschrieben ist, angemessen erklären kann, müssen Falko Peschels Vermutungen auch nur als solche gesehen werden. Fakt ist, dass Pia einen Notendurchschnitt von 2,5 erreicht und später an der Realschule zwischen 2 und 3.²⁷¹

Steven kann schon in den ersten Schultagen mit der Buchstabentabelle Worte wie MOTORAT oder StAuPsAuGA schreiben. Hausaufgaben hat er jedoch nie gemacht. Er arbeitet auch nicht regelmäßig mit. In Mathematik orientiert er sich an dem, was andere so machen und macht dann das weiter, was ihn gerade interessiert. Falko Peschel ‚droht' ihm an, er werde wichtiges Lernen verpassen, wenn er keine Hausaufgaben mache, aber Steven lässt sich nicht beirren. Wieder lässt sich nur sagen, solange keine dem hier beschriebenen Lernen entsprechende Theorie dieses Lernens existiert, so lange ist es müßig über den Sinn oder Unsinn von Hausaufgaben zu diskutieren.

Dominik ist nach der Einschätzung Falko Peschels intelligent, aber nicht hochbegabt. „Er ist schnell dem Schuljahresstoff voraus."²⁷² Die Eltern überlegen zu Beginn der zweiten Klasse, ob Dominik nicht das dritte Schuljahr überspringen kann. Das klappt auch, ebenso wie der anschließende Wechsel ans Gymnasium.²⁷³ Dominik fehlt also ein ganzes Jahr Lehr-Lernen.

Josephina lernt „sehr schnell. Sie bringt sich trotz eher geringer Vorkenntnisse in kurzer Zeit das Schreiben und Lesen bei

---

268 Ebenda, S. 430ff
269 Peschel (²2006), S. 431
270 Vgl. ebenda, S. 434
271 Vgl. ebenda, S. 434
272 Ebenda, S. 434
273 Vgl. ebenda, S. 441f

und hat auch das Rechenübungsheft für das erste Schuljahr schon nach wenigen Wochen fertig bearbeitet. Sie fängt schon nach knapp sechs Wochen an, sich selbst Schreibschrift beizubringen und schreibt schon nach kurzer Zeit eine sehr schöne Verbundschrift."[274] Dann wechselt Josephina die Schule und kommt „in eine sehr stark gelenkte Klasse. Josephinas Schul- und Lernmotivation hat rapide abgenommen. Obwohl sie dem Stoff zur Zeit ihres Abgangs bestimmt ein Jahr voraus war, wurde ihr nach der Grundschule nur zum Übergang auf die Realschule geraten. Auch dort bedeutet Schule eher eine Last, die mit stundenlangem nachmittäglichem Üben gemeistert werden muss."[275] Mit so einer negativen Entwicklung hätte Falko Peschel nie gerechnet.[276]

Mirko beginnt die Schule mit einer Rückstellung in den Schulkindergarten. Er wird als sehr ‚entwicklungsverzögert' bezeichnet.[277] Jedoch: ohne weitere Voraktivität (Lernen, ruhig sitzen, Anlaute heraushören) schreibt Mirko einen Brief lautgetreu an seine Tante. Vor den Sommerferien ist Mirko bei Rechenaufgaben einspluseins - nach den Sommerferien kann er problemlos im Hunderterraum rechnen. Leider kann die weitere Entwicklung von Mirko nicht verfolgt werden, da er in den Herbstferien Rückversetzt wird.[278]

Björn verweigert alles, „was irgendwie mit ‚Schule' zu tun hat."[279] In der zweiten Woche in Falko Peschels Klasse schreibt Björn eine Geschichte zum Karnevalsthema: ‚Vampire'. Es ist das erste mal, dass er überhaupt etwas freiwillig in der Schule tut und er verschriftet lautgetreu. Sein Problem über die gesamte Grundschulzeit hinweg ist nicht Leistung, sondern sein Arbeitsverhalten, seine Auffassung von - für ihn - sinnvollem Lernen.

274 Peschel (^{2}2006), S. 443
275 Ebenda, S. 444
276 Vgl. ebenda, S. 444
277 Vgl. ebenda, S. 450
278 Vgl. ebenda, S. 456
279 Ebenda, S. 456

Das wird ihm auch nach der Grundschule am Gymnasium zum Verhängnis. Trotz sehr guter Leistungen in den Normtests scheitert er am Frontalunterricht, wird zur Realschule abgeschult und wiederholt dort die sechste Klasse. Falko Peschel merkt an: „Das Interessante an Björns schulischer Biographie ist [...] vor allem die Art, wie er gelernt hat - nämlich weitgehend nicht so, wie man es in der Schule generell unterstellt. Björn hat anscheinend weniger durch Erklärungen und Übungen gelernt, sondern sich Wissen und Kompetenzen eher beiläufig angeeignet."[280] Diese Art von Lernen ist aber in der Schule nicht vorgesehen und führt zur Aussonderung.

Eveline wurde ebenfalls aus der ersten Klasse in den Schulkindergarten zurückgestuft. Sie kommt erst Ende des ersten Schuljahres in die Klasse. Der Unterricht, den sie bis dahin erlebt hat war offensichtlich stark lehrgangbezogen, durchsetzt mit vielen Belohnungsstempeln und Ausmalblättern. Falko Peschel vermutet, dass dieser Unterricht mitverantwortlich dafür ist, dass Eveline ein „stark lehrer- bzw. motivationsabhängiges Arbeitsverhalten"[281] an den Tag legt. Er stellt aber auch ausdrücklich fest, dass Eveline auch selbstverantwortlich und selbständig arbeiten kann.[282] Eveline hat „im vierten Schuljahr mit völlig selbständig aufbereiteten und kompetenten Vorträgen aufwarten"[283] können. Die Mutter merkt an, dass Eveline wenig Selbstbewusstsein - zumindest in Bezug auf das Lernen - hat und oft schon vorher aufgibt, ohne auszuprobieren, ob es denn nicht vielleicht doch geht. Möglicherweise bewertet Falko Peschel hier den Einfluss des vorangegangenen Unterrichts zu stark und übersieht die prägende Wirkung der familiären Umstände - von denen jedoch fast nichts berichtet wird. Die Schwester ist an der Hauptschule und Eveline will auch dorthin.

---

280 Ebenda, S. 459f
281 Ebenda, S. 460
282 Vgl. ebenda, S. 461
283 Ebenda, S. 462

Wieder kann mit Blick auf eine noch ausstehende Theorie des Lernens nur festgestellt werden, dass über das, was die Bereitschaft zum Lernen, zur Auseinandersetzung mit der eigenen Lebenswelt, ein Vertrauen in die eigene Fähigkeit Lernen zu können, fördert, so gut wie gar nichts bekannt ist. Aus irgendeinem Grund muss ja Eveline - oft schon vorab - für sich zu der Einschätzung gelangen: „Ich kann das nicht!" und stellt dann weitere Aktivitäten ein.

Irina wird von Falko Peschel ähnlich wie Eveline vorgestellt. Es gibt viele Gemeinsamkeiten, aber auch Unterschiede. Eveline ist mehr dem Schreiben zugetan, Irina dem Rechnen. Trotzdem schreibt Irina von sich: „Ich trau mich nur 1+1"[284] Falko Peschel bescheinigt ihr - wie auch Eveline - dass sie ‚bequem' sei. Es klingt an, dass Irina ja durchaus Party feiern kann, aber erst, wenn die Lernsachen erledigt sind. Sie wird mit Eveline verglichen und erhält den Hinweis, dass Eveline schon (im Schreiben) ein Stück weiter sei (sie dagegen im Rechnen). Ihr wird vorgehalten, was sie alles nicht beachtet (große und kleine Buchstaben, Erwachsenenschrift) und wird aufgefordert: „Also streng dich an!"[285] Falko Peschel sinniert darüber nach, ob mehr Anleitung nicht zu mehr Schulerfolg geführt hätte - trotz mangelnder Kompetenzen im orthographischen und mathematischen Bereich. Er korrigiert sich aber in dieser Hinsicht im Blick auf das letzte Schuljahr und die dort Früchte tragende Entwicklung bei Forschervorträgen. Falko Peschel vermutet, dass der „Druck zur Eigenaktivität durch die Vorgabe von Arbeitsblättern genommen"[286] worden wäre. Da die Grundschule nach vier Jahren endet, muss offen bleiben, wie sich Irina und Eveline in einem so gestalteten Offenen Unterricht weiter entwickelt hätten. Es kann auch bei Irina nicht befriedigend geklärt werden, wie Irinas Einstellung zu Lernsachen entstanden

---
284 Peschel (²2006), S. 464
285 Ebenda, S. 464
286 Ebenda, S. 465

ist und ob und wie diese Einstellung beeinflusst werden kann und soll. Was hat das Gehirn in dieser Zeit gelernt? Und warum hat es das, was es gelernt hat, gelernt? Warum hat es anderes nicht gelernt?

Mehmet soll in eine Lernbehindertenschule überwiesen werden. Ihm wird bescheinigt, dass er einen deutlichen Entwicklungsrückstand habe und seine intellektuellen Fähigkeiten unzureichend sind. Die Empfehlungen lauten: kleinste, überschaubare und für Mehmet nachvollziehbare Lernschritte, Förderung der Konzentrationsfähigkeit, optische Differenzierungsmaßnahmen, Verbesserung des räumlichen Vorstellungsvermögens, das Gedächtnis zu trainieren und zu lernen, unter Zeitdruck zu arbeiten. Mehmet ist nicht in der Lage, einem vorgegebenen Lernweg zu folgen. Der Offene Unterricht fordert keine dieser Elemente als Voraussetzung für Lernen ein und stellt auch keines dieser Elemente zur Verfügung. Wider Erwarten kann Mehmet sich aber genau deswegen auf einen Gegenstand seines Interesses genau da einzulassen, wo es ihm möglich ist, seine Lernwelt auszuweiten. Eben weil er nicht vorgegebenen Lehrinhalten und Lernwegen folgen muss, kann er sich durch sein selbstgesteuertes Arbeiten nicht nur neue Strategien und kognitive Muster erarbeiten, sondern lernt erst so genau das - auf seine Weise und in seiner Art - was ihm empfohlen wurde zu trainieren, allerdings in vorgegebenen kleinsten, überschaubaren Schritten und dazu unter Zeitdruck. Mehmet sollte genau das machen, was ihm nicht möglich war: einem vorgegebenen Lernweg zu folgen. Mehmet holt in ca. fünf Wochen den Stoff der ersten Klasse auf. Mehmet „wird auf Grund seiner schwachen Leistungen in Deutsch und Mathematik formal nicht versetzt, bleibt aber in der Klasse."[287] Er kann sich dann aber so steigern, dass er formal von der dritten Klasse (die er ja hätte wiederholen müssen) in die fünfte Klasse versetzt werden kann.

---
287 Peschel (^{2}2006), S. 469

Tatsächlich ist er einfach mitgelaufen. Falko Peschel bemerkt lapidar, dass eine Lernbehinderung nicht vorzuliegen scheint.[288] Was wohl in der Schule für Schüler mit Lernbehinderungen aus ihm geworden wäre?

Mahmud kommt mit der Aussage, er könne im Zahlenraum bis 20 rechnen, rechnet aber bei Falko Peschel im Offenen Unterricht ohne Unterweisung und ohne Vorgaben schnell auch im Zahlenraum bis 10.000. Er ist dem regulären Stoff zwei bis drei Schuljahre voraus ist. Beim Schreiben hat Mahmud dagegen damit zu kämpfen, dass er zu wenig Deutsch kann und deswegen auch Wörter nicht richtig verschriften kann. ‚Regulär' hätte Mahmud in Mathematik lange ohne ausreichendes ‚Futter' arbeiten müssen, während er beim Schreiben ebenfalls lange an zu viel ‚Futter' erstickt wäre - denn er hat am Ende der Grundschulzeit hier immer noch erhebliche Probleme. Auf der Realschule, die er schließlich besucht erreicht er einen Notendurchschnitt von 2,5.[289]

Valentin kommt nach den Osterferien der zweiten Klasse in den Offenen Unterricht. Er kommt aus Russland und wiederholt die erste Klasse. Nach einem Umzug wird er - auf Grund seines Alters - in die zweite Klasse eingeschult, ihm wird aber schnell nahegelegt, diese ebenfalls zu wiederholen. Die Familie zieht aus diesem Grund (?) erneut um. Falko Peschel charakterisiert: „Für ihn [Valentin, JG] besteht Schule eher in geschickter Lernvermeidung denn in einem eigenaktiven Befriedigen von Lernbedürfnissen. Insofern nimmt ihm der Offene Unterricht erst einmal ein wenig ‚Wind aus den Segeln', da er durch den fehlenden Gleichschritt keine Gelegenheit bekommt, schulisches Lernen durch Abschreiben vorzutäuschen. Entsprechend fällt es ihm schwer, sich wirklich auf Lernsachen einzulassen und nicht nur bei einer oberflächlichen Bearbeitung bzw. Auseinandersetzung

---
288 Ebenda, S. 469
289 Ebenda, S. 470ff

stehen zu bleiben. Er arbeitet am liebsten rein reproduktive Sachen (Abmalen von Landkarten, etc.)."[290] Bei Valentin scheinen knapp drei Schuljahre ausgereicht zu haben, die natürliche ‚Befriedigung von Lernbedürfnissen' total zu verbiegen. Er vermeidet dieses Lernen in der ‚regulären Klasse' durch Abschreiben und täuscht so - mehr oder minder erfolgreich - schulisches Lernen vor. Ihm geht zunächst gar nicht auf, dass Lernen auch einen ganz anderen Zweck haben könnte. Erst in der vierten Klasse ‚fällt bei ihm der Groschen' und er versucht das Level für die Realschule zu erreichen. Seine Leistungen reichen aber nur für die Hauptschule aus - dort kann er sich aber im oberen Drittel der Klasse stabilisieren.[291]

Interessant ist auch, dass Valentin statt eines ‚vernünftigen Lernverhaltens' ein destruktives Sozialverhalten mitbringt. Er „stört Kinder gerne ‚hintenherum', indem er z.B. während der Arbeit oder im Sitzkreis anfängt, neben ihm sitzende Kinder zu zwicken oder sie durch andere Albernheiten abzulenken."[292] Im bisherigen Unterricht war das offensichtlich eine gute Strategie die LehrerIn (vermeintlich) davon abzulenken, seine Schulleistungen in Bezug auf die Vorgaben zu beurteilen. Dieses Verhalten ist sicherlich ein Hinweis darauf, wie Kinder, die mit den regulären Vorgaben nicht klar kommen, den gesamten Ablauf des geplanten Lernens in der Klasse zerstören können. Es ist dabei unerheblich, ob ihre Aktionen den von ihnen erhofften Zweck erfüllen oder nicht, ob sich die LehrerIn wirklich täuschen lässt oder nicht: Der geplante Ablauf des Unterrichts ist unterbrochen, andere Kinder sind an ihrem Lernen gehindert.

Catarina kommt wie Valentin erst spät in die Klasse. Ihre bisherigen Leistungen kennzeichnen Catarina aber als gute Schülerin. Im Offenen Unterricht kann sie sich richtig entfalten. Es

---

290 Peschel (²2006), S. 473
291 Ebenda, S. 475f
292 Ebenda, S. 473

scheint gar nicht genug Lernsachen zu geben. Sie berichtet allerdings mehrfach, dass sie im bisherigen Unterricht Angst hatte, Angst an der Tafel zu stehen, Angst vor der Schule, Angst, dass niemand mit ihr spielt. Im Offenen Unterricht - ohne die üblichen Lehr-Lern-Rituale verfliegt diese Angst im Nu: „Aber als ich in diese Klasse kam, hatte ich plötzlich keine Angst mehr, und plötzlich spielten alle mit mir."[293] Es beeindruckt sie, „das nicht nur mir jemand geholfen hat sondern dass auch mich jemand fragt, ob ich ihm helfen soll."[294] Die Freiarbeit war ihr ganz wichtig - deswegen würde sie auch gerne noch einmal in diese Klasse gehen.[295] Auch am nachfolgenden Gymnasium „erreicht sie einen Notendurchschnitt von 1,5"[296]. Bei Catarina wurde offensichtlich durch den Offenen Unterricht „der Deckel abgenommen".[297] Dieses Beispiel zeigt, dass der reguläre Schulalltag mit seinem Procedere der Leistungsmessung, des Unterbindens jeder Kommunikation zwischen den Lernenden und dadurch die Einschränkung auf die Dyade Lehrer - Kind, der Beschränkung von Lernen auf das, was jetzt im engeren oder weiteren Gleichschritt möglich ist, das Lernen-Wollen der Kinder regelrecht lähmt und zum Erliegen bringt. Statt der Zufriedenheit, eigene Lernbedürfnisse stillen zu können, haben Kinder Angst, den Anforderungen nicht zu genügen. Diese Angst ist nicht nur intellektuell sondern auch existentiell: Schlimmer, als dass niemand mit einem Spielen will, kann es für ein Kind kaum kommen. Man kann natürlich die leise Art von Caterina mit einem Verstärker verändern, kann diese aber auch als Zaudern eines Menschen interpretieren, seinen Platz voll und ganz einzunehmen. Selbstvertrauen ist schnell gestört und es braucht meist lange Zeit, bis es wieder hergestellt ist.

---

293 Peschel ([2]2006), S. 479
294 Ebenda, S. 479
295 Ebenda, S. 479
296 Ebenda, S. 478
297 Ebenda, S. 3

Bei Kai zeigt sich die Entwicklung in die Lernverweigerung in einem Regulären Unterricht fast exemplarisch. „Kai fiel es nicht leicht, sich an Schule zu gewöhnen. Er zeigte oft wenig Bereitschaft, sich mit Aufgaben und Situationen auseinanderzusetzen. Auch das Organisieren des Arbeitsmaterials bereitete ihm häufig Schwierigkeiten. Mit seinen Klassenkameraden konnte er kaum zusammenarbeiten."[298] Auch fachlich wird Kai als schwieriges Kind dargestellt. Zu Hause und in der Schule verweigert er zunehmend die Mitarbeit. Die Auflage, er dürfe erst spielen gehen, wenn er die Hausaufgaben gemacht habe, sitzt er problemlos aus und geht gegen zehn Uhr ohne Hausaufgaben und ohne gespielt zu haben, ins Bett.[299] Seine Versetzung in die dritte Klasse erfolgt nur probeweise, wenn er denn die Lernziele der dritten Klasse erreichen können wird. Auch bei ihm scheint es so, dass der Deckel abgenommen wird, als er in den Offenen Unterricht wechselt. Die Mutter berichtet nach zwei Wochen (!) ganz begeistert davon, dass Kai nun gerne (!) Hausaufgaben mache. Kai entwickelt sich von einem Lernverweigerer zu einem fast normalen Schüler. Auch diese Entwicklung schreitet langsam voran und Kai ist am Ende der vierten Klasse noch nicht so weit - auf Grund seines Arbeitsverhaltens - dass er das Gymnasium besuchen kann. Es scheint, das Kai gelernt hat, weniger den Anforderungen von Lehrern, sondern hauptsächlich seinen eigenen Wünschen zu folgen. Demzufolge wird sein Arbeitsverhalten von Falko Peschel als ‚sehr eigenwillig' bezeichnet.[300] Weil dieses und seine Leistungen noch nicht das widerspiegeln, was Kai leisten könnte, erhält er eine Empfehlung für die Realschule oder die Gesamtschule. Es soll nicht der Eindruck erweckt werden, dass eine Empfehlung für das Gymnasium etwas wäre, was allein schon glücklich macht - aber es gibt doch sehr zu denken, dass selbst dann, wenn im Offenen Unterricht eine positive

298 Peschel (²2006), S. 479
299 Ebenda, S. 480
300 Vgl. Peschel, Falko (²2006), S. 480

Lernentwicklung klar erkennbar ist, dieses nicht ausreicht, den eingeschlagenen Weg fortzusetzen. Vor allem natürlich auch eingedenk der traditionellen und lehrerzentrierten Unterrichtsweise am Gymnasium. Es stimmt auch sehr nachdenklich, dass ja die Schule selbst erst diese Situation hergestellt hat. Peschel urteilt vorsichtig: „Es ergibt sich [...] eher der Eindruck, dass die Problematik Kais viel mit der Unterrichtsweise seiner alten Lehrerin zu tun gehabt haben wird. Es kann sein, dass sich aus den unterschiedlichen Vorstellungen von Lernen und Schule schnell auch persönliche Probleme ergeben haben, die sich dann u.a. in einer arbeitsverweigernden Haltung Kais ausdrückten."[301]

Von Alyssa sei nur ein Satz zitiert: „Seit ich in deiner Klasse war, kann ich mir nicht vorstellen noch 6 Jahre Unterricht an der Tafel zu haben."[302]

Vom Standpunkt der Schulpädagogik aus wird hier immer wieder ein Lernen beschrieben, mit dem die reguläre Schule nichts, aber auch gar nichts anfangen kann. Schon allein deswegen, weil Lernen so nicht mehr vergleichbar ist. Die traditionelle Schule, ihre Disziplin, ihre Lehrplanfixiertheit, ihre Leistungsbewertung steht Kindern, die so lernen, ohne jedes Verständnis und ohne jede Möglichkeit auf sie einzugehen gegenüber, ohne Möglichkeit dieses individuelle Lernen zu akzeptieren, geschweige denn mit der Möglichkeit dieses Lernen angemessen zu bewerten. Die Erfolge dieses Lernens können nur deshalb nicht erfasst werden, weil sie nicht in das genormte Schema passen. Ein selbst beigebrachter Stoff kann gar nicht bewertet werden, weil es für diesen selbstbeigebrachten Stoff nichts gibt, wo er wie eingeordnet werden könnte. So funktioniert Lehr-Lernen einfach nicht. Und weil es so nicht funktioniert, kann eine solche Leistung auch nicht verrechnet werden. Eine schulgerechte

---
301 Ebenda, S. 481
302 Ebenda, S. 488

Leistung ist es nur dann, wenn sie zur richtigen Zeit - nämlich dann, wenn das Thema durchgenommen worden ist, in der richtigen Form - nämlich dann, wenn alle an den gleichen Aufgaben demonstrieren, dass sie das, was die LehrerIn gelehrt hat, auch verstanden haben und auf die gestellten Aufgaben anwenden können.

Hier ist wieder Platz für Ihre Gedanken, Fragen, für eigene Erfahrungen zum Kapitel Lernen III, für Zustimmung, für Ablehnung, ...

Wenn Sie möchten, können Sie mir das, was sie aufgeschrieben haben, auch zumailen: juergen@goendoer.net

Eltern und Offener Unterricht

Eltern haben es am schwersten - jedenfalls ist im Offenen Unterricht nichts so, wie sie es von damals, von ihrer Schule her kennen. Was für die Eltern einfacher ist: Sie haben mit dem an Schulen üblichen Leistungsvergleich zwischen den SchülerInnen oder mit dem Bauchweh am frühen Morgen, wenn es zur Schule gehen soll nichts am Hut. Also langfristig sollte man meinen, eine positive Bilanz - zumindest für die Kinder.

Falko Peschel hat an der Grundschule in Troisdorf richtig Aufwand betrieben. Zu viel scheint es aber nicht gewesen zu sein, denn ob die Eltern das Konzept so richtig verstanden haben ist schwer zu beurteilen.

Falko Peschel räumt ein:

> „...denn sicherlich ist es gerade für die Eltern nicht leicht, innerhalb ihrer Verantwortlichkeit eine Entscheidung ‚gegen den Strom' zu fällen und das eigene Kind einem ‚Experiment' - wie sie es oft selber bezeichnet haben - auszusetzen."[303] [...] Dabei haben die meisten Eltern Schule und Lernen als notwendiges Übel bzw. als Vorbereitung auf ‚die Leistungsgesellschaft, in der wir nun mal leben' erfahren, und können sich oft nur den selbst erfahrenen Weg mit traditionellem Unterricht vorstellen. (Wenn Lernen auch anders ginge, würde man ja implizit die eigene Biographie bzw. Teile des eigenen Lebens völlig in Frage stellen - und wer macht das schon gerne?) Und die Eltern, die sich zu Wort melden bzw. überhaupt in der Klassenpflegschaft blicken lassen, sind meist die, die gelernt haben, diese Leistungsgesellschaft - trotz aller eigenen Vorbehalte - für sich zu nutzen. Und sie wollen, dass ihre Kinder dies genau so tun.[304]

---

303 Peschel (^{2}2006), S. 361
304 Ebenda, S. 149

Offener Unterricht

Der Bruch ist dann schon hart.

- Statt eines strengen Arbeitsplans nach Fächern gibt es eine autonome Klassengestaltung, die bei der Gestaltung des Schulalltages den Kindern eine ‚fast' grenzenlose Freiheit einräumt.

- Statt eines Lehrers, der den Unterricht macht, diszipliniert, für Ruhe sorgt, die Arbeit verteilt, ist dieser zwar immer noch da, aber er tut all das nicht mehr.

- Statt brav still zu sitzen und still zu sein, auf das zu hören, was der Lehrer lehrt, entscheiden die Kinder selbst, was sie wann, wie, mit wem und wo lernen. Selbst über das was in der Klasse passiert und wie sich der Tag gestaltet, bestimmen die Kinder mit.

- Statt einem Satz Schulbücher für die einzelnen Fächer, forschen die Kinder selbst an den Rätseln ihrer Lebenswelt - und die Eltern dürfen weder helfen noch mit dem Kind üben. Das ist streng verboten.[305]

Da knirscht es manchmal schon gewaltig. Zumal sich dieses ‚lockere Leben' im Unterricht auch auf das häusliche Leben auswirkt. Mitbestimmung ist nicht in allen Elternhäusern angesagt. Aber das kennen ja LehrerInnen im ‚Regelvollzug' ja auch.

Vieles lässt sich auch im Rahmen der Information über das Gesamtkonzept erklären: signifikantes Lernen, die Schreib-, Rechtschreib- und Leseentwicklung, die mathematische Entwicklung (ohne Lehrgang), das Lernen des Lernens, Schlüsselqualifikationen, selbstverantwortliches Lernen, integrierende Sozialerziehung, individualisiertes Vorgehen.

---
305 Peschel, Falko (²2006): S. 150

Das sind natürlich alles Elemente, die an der Regelschule nicht expressis verbis erklärt, sondern stillschweigend vorausgesetzt werden - allerdings mit entsprechend anderen Bedeutungen - wie das halt in der Schule so ist. Das kennt ja jeder.

In Bezug auf den Offenen Unterricht - wie auch im Regelunterricht - führt es zu Schwierigkeiten, wenn z.B. Dritte (Geschwister, Verwandte, Freunde) ihre Skepsis offen äußern oder auch die Eltern selbst gar zu Hause dann das nachholen, was früh in der Schule versäumt wird. Dieses Gegeneinander kann bei den Kindern richtige ‚Blockaden' auslösen und die Arbeit in der Schule behindern.[306]

Die Elternarbeit im Offenen Unterricht darf also nicht auf die leichte Schulter genommen werden, eben weil die Unterschiede zum ‚alt Hergebrachten' doch grundlegend sind. Da letztlich die Eltern entscheiden müssen und wollen, was ihrer Meinung nach für ihr Kind gut und richtig sein soll, schlägt Falko Peschel vor, „Eltern (und Kindern) den zeitweisen Aufenthalt in anderen Klassen bzw. Gespräche mit Kollegen und Schulleitung"[307] zu ermöglichen. Schließlich werde im Offenen Unterricht schnell die Methode für auftretende Entwicklungen verantwortlich gemacht, während sonst den Kindern ganz selbstverständlich der schwarze Peter zugesteckt wird.[308]

Die Eltern haben ja kaum noch Anhaltspunkte, an Hand deren sie verfolgen und vergleichen können, was ihr Kind kann und wie es in Bezug auf andere Kinder abschneidet. Statt als ‚verlängerter Arm der Schule' zu fungieren, sollen Eltern die Lernaktivitäten ihrer Kinder unterstützen, mit Ihnen in die Bücherei, in kulturelle Veranstaltungen gehen oder als Gesprächspartner zur Verfügung stehen. Es passt also auch das alte ‚Lehrerbild' im Kopf vieler Eltern nicht mehr zu dem, was sie mit ihren Kindern tun können. Falko Peschel spricht von ‚Stützen und

---
306 Vgl. Peschel, Falko (²2006): S. 150f
307 Ebenda, S. 151
308 Ebenda, S. 152

Herausfordern' und sieht Eltern „selber als interessierte, lernende Vorbilder. [...] das übliche Beibringen, Üben oder Nacharbeiten von Schulstoff sollte aber nicht erfolgen."[309]

Allein: Grau ist alle Theorie. Trotz aller Erklärungen durch Falko Peschel suchen Eltern dann im Klassenzimmer erstaunt nach dem Lehrerpult vor der Tafel oder geraten in Streit über die richtige Leseerziehung[310]

So berichten Eltern:

„Ein lockeres Gespräch mit Eltern anderer Klassen war sehr schwierig, da keiner glaubte, dass sich kleine Menschen unter so einer Methode zu anständigen großen Menschen entwickeln"[311]

Bemerkenswert ist die Koppelung der Methode und der Werte-Kategorie ‚anständig', die in diesem Fall Dritte vornehmen und Eltern damit unter Druck setzen wollen, damit ihre eigene Welt so bleiben kann, wie sie ist.

Erschütternd ist, wenn in den Rückmeldungen offensichtlich wird, dass Eltern ihre Ordnungsvorstellungen wichtiger nehmen als die Realität der Entwicklung ihres Kindes. Sie kommen gar nicht auf den Gedanken, dass diese Vorstellungen, die Auffassung davon, wie Schule und Kind zu sein haben, möglicherweise erst die Probleme hervorrufen, die ihnen Sorgen bereiten.

Der Offene Unterricht muss als Ursache für oberflächliches und unordentliches Arbeiten herhalten, auch wenn die Arbeiten des Kindes im Offenen Unterricht ein ganz anderes Leistungsniveau haben. Der traditionelle Unterricht fragt ja lediglich ab, ob denn bestimmte Kenntnisse und Inhalte unter den Bedingungen einer Klassenarbeit sachgerecht reproduziert werden können.

Im Offenen Unterricht bestehen aber durch die ‚Freie Arbeit' der Kinder ganz andere Möglichkeiten, Leistung zu erbringen, Können zu zeigen, weil eben nicht nur reproduzierend gearbeitet wird.

---
309 Vgl. Peschel, Falko (^{2}2006): S. 153
310 Ebenda, S. 362
311 Ebenda, S. 384

Es verschlägt mir die Sprache, wenn die eigenen Eltern von ihrem Kind sagen: „Lag am Kind, dass die persönliche Entwicklung nicht zufriedenstellend ist."[312] Mehr Distanz kann mit zehn Worten kaum ausgedrückt werden.

Die überwiegende Resonanz der Eltern war jedoch positiv, obwohl sich auch von diesen Eltern sich viele nicht so richtig vorstellen konnten, was da im ‚Unterricht' eigentlich so vor sich ging. Sie erkannten, dass diese Art ‚Unterricht', diese Art des Lernens, sich positiv auf ihre Kindern auswirkte.

Teilweise haben sie Schwierigkeiten, die vier Jahre Grundschulzeit mit Offenem Unterricht als eine zusammenhängende Entwicklung zu sehen. Gelegentlich tauchen in den Rückmeldungen der Eltern Zuordnungen auf, die dem Lehrer zuschieben, ihr Kind gut ‚aufgefangen' zu haben. Ohne Falko Peschels Leistungen gering zu achten, diese Sichtweise scheint mir die Leistungen der Kinder zu schmälern. Es wird kaum gesehen, dass sie letztendlich die sind, die wirklich die einzelnen Fähigkeiten gelernt haben und auch zeigen können. Falko Peschel hat mit seinem Offenen Unterricht ‚nur' die Rahmenbedingungen dafür geschaffen: Er hat dafür gesorgt, dass die Kinder das lernen konnten, was ihnen wichtig war, hat ihnen dabei geholfen, die eigenen Ziele nicht aus den Augen zu verlieren, sondern mit Erfolg daran zu arbeiten.

Diese Rahmenbedingungen herstellen, den Kindern zu helfen, diese dann auch erfolgreich für sich zu nutzen nennt Falko Peschel: „das Lernen hochhalten".
Wenn er jedoch schreibt:
> „Ich habe hier [...] durch eine Abkehr von einem geschlossenen Kanon ‚trägen Wissens' zum Aufbau ‚flexiblen, prozeduralen, intelligenten Wissens [...] das sich von einem Wissenserwerb zum Selbstzweck (oder zur Selektion der Lernenden) darin unterscheidet, dass es vor

---
312 Peschel, Falko (^{2}2006): S. 424

> allem das Lernen des Lernens produktiv unterstützt, d.h. den Aufbau methodischer und fachlicher Kompetenz so ermöglicht, dass es zugleich möglichst die Motivation für ein lebenslanges Lernen erhalten wird."[313]

muss angemerkt werden, dass diese Sichtweise die der Lehrer bzw. Erziehungswissenschaftler ist. Die der Kinder ist es sicher nicht. Ihnen ist sehr wahrscheinlich die ‚methodische und fachliche Kompetenz', die sie erworben haben gar nicht bewusst. Unter diesem Gesichtspunkt haben sie im Offenen Unterricht nie gearbeitet. Ihnen ging es auch nicht darum, die ‚möglichst lebenslange Motivation für das Lernen des Lernens' zu erhalten. Dafür sorgt das eigene Gehirn schon selbst - nicht die Lehrer und nicht die Pädagogen bzw. Erziehungswissenschaftler.

Die Kinder haben vor allem ihre eigene Lebenswelt erforscht, enträtselt und kennengelernt. Sie haben an ihrer ganz individuellen Konstruktion ihres Weltbildes gearbeitet und dieses in ihrer Lerngruppe mit den anderen Kindern intersubjektiv gemacht. Sie haben gelernt, wie sie ihren eigenen Fragen nachgehen können, was sie tun können, um diese zufriedenstellend zu klären. Sie haben gelernt, ihre Sachen selbst zu regeln:

> „Eigene meinungen konnte man auch sagen probleme wurden gelöst und meistens sogar ohne hilfe von Peschel. Ich fand es toll das wir die Regeln selber erfinden konnten."[314]

---

313 Peschel, Falko (22006): S. 898
314 Ebenda, S. 391 (Bodo)

Hier ist wieder Platz für Ihre Gedanken, Fragen, für eigene Erfahrungen zum Kapitel Eltern und Offener Unterricht, für Zustimmung, für Ablehnung, ...

Offener Unterricht

Wenn Sie möchten, können Sie mir das, was sie aufgeschrieben haben, auch zumailen: juergen@goendoer.net

Literaturverzeichnis:

Aregger, Kurt; Waibel, Eva-Maria (Hrsg.) (2008): *Entwicklung der Person durch offenen Unterricht - Das Kind im Mittelpunkt: Nachhaltiges Lernen durch Persönlichkeitserziehung*, Augsburg

Bender, Justus; Achtnich, Leonie (2011): *Was hast Du, was ich nicht habe?* In: Campus, Die Zeit, Heft 4 Juli/August, S. 22 - 27

Berger, Peter A., Kahlert, Heike (Hrsg.) (2008^2): *Institutionalisierte Ungleichheiten - Wie das Bildungswesen Chancen blockiert*, Weinheim, München, 2. Auflage

Bohl, Thorsten; Kucharz, Diemut (2010): *Offener Unterricht heute - Konzeptionelle und didaktische Weiterentwicklung,* Reihe: Studientexte für das Lehramt. Weinheim, Basel

Brügelmann, Hans; Brinkmann, Erika (2008): *Freies Schreiben im An-fangsunterricht?* - Eine kritische Übersicht über Befunde der Forschung, http://www.grundschulverband.de/fileadmin/Forschung/brue.bri.eb.06.freies-schreiben.GSV-a.forschung.ANHANG.erg.081108.pdf (aufgerufen am 12.12.2011, 20:01)

Dravenau, Daniel; Groth-Samberg, Olaf: *Bildungsbenachteiligung als Institutioneneffekt,* in: Berger (2008^2)

Eiermann, Dirk (2010): *Während die einen noch Elefanten verjagen, fangen die anderen schon mal an zu lernen. Notizen eines dreiwöchigen Besuchs an der Bildungsschule Harzberg.* Internetveröffentlichung: http://offener-unterricht.net/ou/pdf/Bildungsschule-Harzberg.pdf

Feuser, Georg (2007): *Lernen am „Gemeinsamen Gegenstand"* Vortrag: Offener Unterricht - Antwort auf Heterogenität, in: Aregger, Kurt; Waibel, Eva-Maria (Hrsg.) (2008): Entwicklung der Person durch offenen Unterricht - Das Kind im Mittelpunkt: Nachhaltiges Lernen durch Persönlichkeitserziehung, Augsburg

Freinet, Célestin: *Verlasst die Übungsräume!* Deutsch von Jochen Hering und Walter Hövel, Internet: freinet.paed.com vom 7.9.2011, 18:40 Uhr - http://freinet.paed.com/freinet/ecf.php?action=ecfo4a
Im Original: Freinet, C. (1967) aus: Les dits de Mathieu

Geißler, Rainer (2005): *Die Metamorphose der Arbeitertochter zum Migrantensohn"* in: Berger, Peter A., Kahlert, Heike (Hrsg.) (2008²): *Institutionalisierte Ungleichheiten - Wie das Bildungswesen Chancen blockiert*, Weinheim, München, 2008, 2. Auflage, S. 71 - 100

Glasersfeld, Ernst (1997): *Radikaler Konstruktivismus - Ideen, Ergebnisse, Probleme*; Frankfurt/Main

Golz, Reinhard; Korthaase, Werner; Schäfer, Erich (Hrsg.) (1996): ‚*Comenius, Johann Amos: Comenius und unsere Zeit - Geschichtliches, Bedenkenswertes und Bibliographisches'*, Baltmannsweiler

Helmke, Andreas (2011): *Keine Angst vor Vielfalt*, in: Spiwak, Martin, Individualisierter Unterricht, Interview mit Andreas Helmke, in: Die Zeit Nr. 51 vom 15.12.2011, http://www.zeit.de/2011/51/Interview-Helmke/komplettansicht, Aufruf vom 18.12.2011, 10:34

von Hentig, Hartmut (1985): *Wie frei sind freie Schulen - Gutachten für ein Verwaltungsgericht*, Stuttgart: Klett-Cotta ¹1985

Hövel, Walter (2011a): *Eigenverantwortliches Lernen und Inklusion*, in: Fragen und Versuche, Zeitschrift der Freinet-Kooperative e.V., Heft 137, 35. Jahrgang, S. 7 - 17

Hövel, Walter (2011b): *Kinder schätzen ihr eigen verantwortliches Lernen ein - Ergebnisse einer Befragung an der Grundschule Harmonie.* http://www.grundschule-harmonie.de/alte_website/artikel-pdf/Artikel_4_pdf/Kinder%20schaetzen%20ihr%20Lernen%20ein.pdf Aufgerufen am 4.6.2013 um 23:36 Uhr

Hövel, Walter (2009): *Chronik der 25. Woche vom 25. - 27. Februar 2009* Internetveröffentlichung: http://grundschule-harmonie.de/assets/Uploads/PDF/Chronik/2009.02_Chronik_Harmonie.pdf Aufgerufen am 5.6.2013 um 23:34 Uhr

Hövel, Walter (2008): *Englisch - weniger Englisch lehren aber mehr Englisch lernen* Internetveröffentlichung: http://www.grundschule-harmonie.de/alte_website/Foerderkonzept-April_2008.pdf S. 64 - 69 Aufgerufen am 5.6.2013 um 23:28 Uhr

Hövel, Walter, Transkript einer Sendung des WDR 5: Schule neu denken - Erfolgreiche Konzepte für ein anderes Lernen. Folge 2: *Eigenständiges Lernen in der Grundschule*, Ein Feature von Matthias Wurms

Hüther, Gerald (2011): *Was wir sind und was wir sein könnten - Ein neurobiologischer Mutmacher,* Frankfurt/Main, hier: Fischer Taschenbuch (2013)

Hüther, Gerald (o.J.): *Schulen der Zukunft* (Transskript JG), auf der Homepage des Offenen Unterricht, http://offener-unterricht.net/ou/start-offu.php?action=litvideo3 Stand 16.12.2011 15:07

Hüther, Gerald (o.J): *Ohne Gefühl geht gar nichts*, Vortrag http://www.youtube.com/watch?v=Lr184Ms5hlE&list=PL231B58048B221A8921.3.2013 Aufruf vom 21.3.2013 00:04

Jürgens, Eiko ([6]2004): *Die ‚neue' Reformpädagogik und die Bewegung Offener Unterricht - Theorie, Praxis und Forschungslage,* St. Augustin, Academia-Verlag

Kahl, Reinhard (2008): Von wegen Konzentrationsschäche, 2. Teil der Sommermeditation über das Üben: Intensität

Kahl, Reinhard (2011): *Üben? Üben?! Üben!* In: Arche Nova - Die Bildung kultivieren. Kongresszeitung Ausgabe 4 vom 25. Juli 2011, Kongress vom 14. - 16. Oktober 2011 im Festspielhaus Bregenz am Bodensee

Kerbursk, Simon (2011): *Die Hölle sind die anderen* - Der Vergleichswahn ist nicht nur Sache von Namenslos. Auch die Genies der Weltgeschichte litten drunter. In: Campus, Die Zeit, Heft 4 Juli/August

Lehmann, Rainer; Peek, Rainer (1997): *Aspekte der Lernausgangslage von SchülerInnen und Schülern der fünften Klassen an Hamburger Schulen.* Hamburg, Amt für Schule

Lenzen, D. (1976): *Offene Curricula - Leidensweg einer Fiktion*, in: Haller, Hans-Dieter; Lenzen, Dieter (Hrsg)(1976): Lehrjahre in der Bildungsreform - Resignation oder Rekonstruktion (= Jahrbuch für Erziehungswissenschaft 1976), Klett-Verlag, Stuttgart, S 138 - 162

Montessori, Maria (1952, 2009): *Kinder sind anders*, Original: Mailand (1950), dt. Stuttgart, 1952, Stuttgart [14]2009

Mosskopp, Melanie (2008): *Überprüfung des Konzepts der MI-NIPHÄNOMENTA im Hinblick auf Förderung des selbständigen Lernens im naturwissenschaftlichen Sachunterricht*, schriftliche Hausarbeit im Rahmen der zweiten Staatsprüfung für das Lehramt an Grund- Haupt- und Realschulen mit dem Schwerpunkt Grundschule, Studienseminar Siegburg

Nehles, Rudolf (1981): *Offenheit - Pädagogisches Engagement ohne Theorie? - Eine Darstellung und Analyse von pädagogischen Konzeptionen der Offenheit, insbesondere der offenen Curricula*, Lang-Verlag, Frankfurt am Main

Peschel, Falko (o.J.): Vortrag: Offener Unterricht - Teil 1-3, Internetseite des Offenen Unterrichts, http://offener-unterricht.net/ou/start-offu.php Aufruf vom 11.1.2013, 11:47

Peschel, Falko: *Bildungsschule Harzberg*: Pädagogisches Konzept, http://bildungsschule-harzberg.de/3.html Aufruf vom 18.12.2011, 10:47

Peschel, Falko (^{2}2006): *Offener Unterricht in der Evaluation - Idee - Realität - Perspektive und ein praxiserprobtes Konzept*, Schneider-Verlag, Hohengehren, Baltmannsweiler, Teil I und Teil II

Reusser, K. (1995): *Lehr-Lernkultur im Wandel: Zur Neuorientierung in der kognitiven Lernforschung.* In: R. Dubs/R. Döring (Hrsg.), Dialog Wissenschaft und Praxis. Berufsbildungstage St. Gallen. St. Gallen: Institut für Wirtschaftspädagogik IWP. S. 164-190

Rogers, Carl R. (1972): *Die klientenzentrierte Gesprächspsychotherapie*, München, Original: 1942, Verlag Houghton Mifflin Comp. Boston, übersetzt von Erika Nosbüsch

Rogers, Carl R. (1974): *Lernen in Freiheit - Zur Bildungsreform in Schule und Universität*, München, Original: 1969, Columbus, Ohio, übersetzt von Frank und Claire Höfer

Rogers, Carl R. (1976): *Entwicklung der Persönlichkeit - Psychotherapie aus der Sicht eines Therapeuten*, Stuttgart, S. 46

Schiemann, Elena (2008): *Eine etwas andere Regelschule - Mein persönlicher Blick auf die Grundschule Harmonie*, in: Backhaus, A., Knorre, S. in Zusammenarbeit mit Brügelmann, H. und Schiemann, E. (Hrsg.) (2008): Demokratische Grundschule - Mitbestimmung von Kindern über ihr Leben und Lernen. Arbeitsgruppe Primarstufe/FB 2. Universität Siegen

Spitzer, Manfred (2007): *Lernen - Gehirnforschung und die Schule des Lebens*, Heidelberg

Winkel, Reinhard. (1996): *Schulen auf der Datenautobahn?* Oder: Das „Comenius-Projekt" und die Mathetik, in: Golz, Reinhard; Korthaase, Werner; Schäfer, Erich (Hrsg.) (1996): ‚Comenius, Johann Amos: Comenius und unsere Zeit - Geschichtliches, Bedenkenswertes und Bibliographisches', Baltmannsweiler

Anhang

http://offener-unterricht.net

Eine Internet-Seite, die fast alles über den Offenen Unterricht im Netz bereitstellt. Von: ‚Was ist Offener Unterricht?' über ‚Literatur und Medien' zu einer Darstellung der ‚Schulen', die nach diesem Konzept unterrichten bis hin zu Ergebnissen der ‚Foschung' lässt die Seite fast keine Wünsche unberücksichtigt.

Es findet sich der Vortrag von Falko Peschel ebenso wie die bei YouTube eingestellten Videos über den Offenen Unterricht wie Rezensionen zu einschlägiger Literatur. In einem Buchshop kann man wichtige Literatur direkt bestellen.

Falls doch noch Fragen offenbleiben, kann man die entweder im Forum oder über die Hotline stellen und erhält auch zeitnah (so schell wie es möglich ist) eine Antwort.

Es gibt auch eine Suchmaschine, mit der ausgewählte Seiten mit einem Bezug zum Offenen Unterricht durchsucht werden können. Und ein Übersetzungstool, mit dem Übersetzungen der Seite ins französische, englische, russische und spanische erfolgen können. Kleiner Wermutstropfen: es sind maschinelle Übersetzungen.

Und natürlich eine E-Mail-Adresse, mit der Falko Peschel direkt erreicht werden kann.

Schulen

http://bildungsschule-harzberg.de
Bildungsschule Harzberg, Grundschule in freier Trägerschaft

http://grundschule-harmonie.de
Grundschule Harmonie

Schulministerium NRW:
http://www.schulministerium.nrw.de/BP/Schueler/Wettbewerbe/schulische_Wettbewerbe/Schulpreis/Ergebnisse2006/Buch_Auszuege/Gs_Eitorf.pdf

http://www.freilernen.de/
Aktive Schule Petershausen

http://www.ggs-bergfidel.de/
Grundschule Berg Fidel

http://www.freie-schule-christophine.de/
Freie Schule Christophine Marbach

Offener Unterricht

http://www.lernwerkstatt.ws/ - Österreich
Lernwerkstatt am Schloss in Österreich

https://familyschool.pbworks.com/w/page/19600204/FrontPage
Familyschool England

Hochschulen

http://www.bildung.uni-siegen.de/grundschule/oase/

http://www.uni-konstanz.de/ag-moral/lernen/11_offenes-lernen/_offener-unterricht-home.htm

Literaturempfehlungen - Uni Konstanz Prof. Dr. Georg Lind
http://www.uni-konstanz.de/ag-moral/lernen/11_offenes-lernen/ou_literatur.htm

Offener Unterricht

50+ Videoclips zum Offenen Unterricht

http://www.youtube.com/playlist?list=PLs9KfBcAo6LAAwEHPH7R4WqKPNNYSTP57

Verzeichnis:
Ich lerne, was ich will - Freier Unterricht in der Grundschule (Part 1 - 5)
jetzt auch mit spanischen Untertiteln

Berichte über die FSBL Wuppertal von 2000 bis 2010
Freie Schule Bergisch Land - TV Beitrag 1 - 10

Lernwerkstatt Pottenbrunn „Trailer"

Hella Wenders im Interview zu „Berg Fidel - Eine Schule für alle"
BERG FIDEL - EINE SCHULE FÜR ALLE | Trailer german deutsch [HD]
Lokalzeit Münsterland Gelebte Inklusion - Kinofilm aus Berg Fidel -

Das Zweite macht Schule - Grundschule Harmonie, Eitorf

Aktive Schule Petershausen(Grundschule) 1 - 5

Gerald Hüther Schulen der Zukunft
Das selbstorganisierte Kind - Hirnforscher - Gerald Hüther (Vera Videoblog)
Wie Lernen am besten gelingt - Prof. Dr. Gerald Hüther
‚Demokratiefähigkeit' - Teil 1 - 6 Vortrag von Prof. Gerald Hüther

Wie lernen Kinder? Aktuelles aus der Gehirnforschung Symposiumsvortrag von Prof. Dr. Dr. Manfred Spitzer
„Lernen in den Schulen von morgen"
Schule des Lebens im Interview mit dem Psychologen & Hirnforscher Prof. Dr. Dr. Manfred Spitzer

„Kleine Bücher" und „WeltABC" gegen das Sprechverbot der eigenen Muttersprache
ABI GEZiNT! Projektabschlusskonzert | Teil 1
ABI GEZiNT! Projektabschlusskonzert | Teil 2
Heimat Fremde Heimat 2008

methodos in der Sendung Brisant
methodos in den Tagesthemen vom 28.8.07
methodos in der Sendung BW Aktuell
Fernsehbericht vom 23.01.2012 von TV Südbaden über die 5. Generation von methodos

Interview Leonhard (Absolvent der demokratischen Schule Kapriole, Freiburg)
Freie demokratische Schule „Kapriole"
Schüler der freien demokratischen Schule „Kapriole"
Stella (Absolventin der demokratischen Schule Kapriole, Freiburg)

Boy who did not want to learn to read - Children of Summerhill 1998

Trailer - Vertrauen ins Lernen („Schools of Trust")

O Pelouro: Alle anders, alle gleich
Dokumentation über die inklusive Schule „O Pelouro" in Caldelas de Tui, Galizien (Spanien).

Ferrer i Guàrdia - ein Leben für die Freiheit
Deutsche Übersetzung der Dokumentation „Ferrer i Guàrdia - una vida per la llibertat" vom katalanischen Landesfernsehen TV3.

Aprendo lo que quiero
Reportaje sobre la escuela pública de educación primaria „Harmonie" en Eitorf (Alemania) y el aprendizaje abierto que allí se practica.

Ausführliches Literaturverzeichnis von Veröffentlichungen von Falko Peschel

http://www.bildungsschule-harzberg.de/15.html

Buchladen zum Offenen Unterricht
http://offener-unterricht.net/ou/bookshop.php

Kein 'Offener Unterricht'
steht zumindest nicht drauf: ist aber drin.

Christian Schreger hat 2007 den Österreichischen Staatspreis gewonnen. Mit dem Welt ABC. Damals entstand auch ein Artikel über dieses Projekt.

http://www.weltabc.at/

Das Welt ABC schaut man sich am Besten im Internet an - es ist selbsterklärend. Und es ist ein Projekt, bei dem die Kinder im Mittelpunkt stehen und ihr Lernen den Schulalltag bestimmt. Es geht um Migrantenkinder, die deutsch lernen sollen/wollen und die das nicht mit den üblichen Programmen: 'Guten Morgen, ich bin Fred - wie heißt Du?' machen, sondern die mit Christian Schreger ihren eigenen Weg gehen.

Die Begriffe, die ihnen wichtig sind, werden ins Welt ABC eingearbeitet. Sonst nichts, d.h. es wird kein Lehrgang zugrunde gelegt, es gibt keinen Lehrplan, der abgearbeitet, kein Pensum, das erfüllt werden muss. Es gilt nur das Interesse der Kinder.

Weitere Projekte

Christian Schreger wäre nicht Christian Schreger, wenn er sich damit zufrieden gegeben hätte. Aus dem Welt ABC entwickelten sich ein ganzer Strauß von ergänzenden und weiterführenden Projekten - aber die müssen Sie sich selbst ansehen.

http://ortnergasse.webonaut.com/m2/projekte/index.html